商务印书馆（成都）有限责任公司出品

未来
必须节制

我们从金融危机中
学到什么

[德] 沃尔夫冈·朔伊布勒 —— 著
晏小宝 —— 译

Zukunft mit Maß
by Wolfgang Schäuble
The original German edition was published as *Zukunft mit Maß*
Copyright © 2009 SCM Johannis im SCM-Verlag GmbH & Co. KG, Witten, Germany (www.scm-verlag.de)
Simplified Chinese edition copyright © 2017 Shanghai Sanhui Culture and Press Ltd.
Published by The Commercial Press
All rights reserved.

本书的出版得到德国阿登纳基金会上海办公室资助

目 录

001 中文版序
节制与适度是全球化进程中的一次革命

009 引言

015 经济与社会的安全

033 节制与适度

063 不断地实现再平衡

085 什么是维系社会的力量?

101 巩固民间社会的基础

121 全球化世界中的宗教与伦理责任

139 参考资料

143 译后记

中文版序

节制与适度是全球化进程中的一次革命

2008年爆发的金融危机是20世纪30年代以来世界经济最大的一次危机,本书的观点即在这一危机期间形成。美国投资银行雷曼兄弟的倒台波及德国,导致其经济增长率下跌了5.6%。书中所援引的"社会市场经济"的经典思想家与实践者的思考,有助于本人在担任财政部部长的年月中应对这场危机时找到政治对策并且付诸实施,总体而言,这些思考在国家、欧洲乃至全球层面上都经受住了考验。

将决策与责任、风险与担当互相挂钩,采取正确的行为刺激,避免道德风险,抛弃形形色色的极端行为与激进主义而呼吁普遍重视节制与适度,所有这些回应显然都是正确的。尽管如此,在我看来,今天我们在世界范围内再度处于经济发展的关键时刻,其中部分的缘由还是归咎于全球应对危机的某些手段。

全球化本身所取得的积极成果以及通过全球化实现的良好发展人所共知,但是在全球化的过程中,社会分化与不公却日益明显,至少从主观判断来看确实如此。因为从客观角度看存在着相反的判断。根据有些研究的数据，中等收入的人数大大地高于几年以前，贫困人口的数字仍然很大。然而，若是与世界人口的增长相比较，成就显然是毋庸置疑的。鉴于世界范围内及时传播的实时信息，人们的感觉却是不平等在扩大。在许多地方，社会凝聚力日益面临威胁。在德国，在欧洲，尤其是在美利坚合众国，我们到处都可以目睹这一现象。因此，我们必须深思，如何使社会和衷共济，以及如何通过强调节制来克服贪欲。

针对这一问题，政界的回应首先是采取调控。2008年金融与银行危机爆发以来，我们在国家层面、欧洲层面以及国际上都已经有所改进，尽管还没有做得很好，但业已前进了一大步。其中，极为重要的是在自由与调控之间做到了正确的平衡。在这两者之间总是要不断地再平衡。钟摆有时会向一个方向过度地摆动，接着又会朝着另一个方向过度摆动。关键在于适度。政界采取的第二个对策是加强灵活性，亦即尽最大可能地增强国民经济应对危机的抵抗力。而增强这种灵活性的措施便是结构改革、扩大投资以及可持续的财政政策。

2016年12月,德国将担任G20轮值主席国。我们将在中国担任轮值主席国期间提出的纲领上继续努力。中国在担任轮值主席国期间,致力于通过结构改革以及继续推进世界经济一体化来促进可持续的增长,我们将延续这一做法。从世界范围来看,人们逐渐开始对结构改革的必要性产生了更多的理解。

经济的抗压性越强,产生危机的可能性就越小。危机越少,增长就越有可持续性。遗憾的是,对于许多政府机构来说,更大的诱惑是用钱来换取时间,而不是去解决问题。其结果是缺乏较为有效的调控,缺乏坚实的公共财政,缺乏结构改革,虽然这样的改革短期来看殊为痛苦。当前,问题并不在于缺少国家的激励。货币政策与财政政策已经足够宽松。很多国家一如既往地债台高筑,无论是发达国家还是一些新兴国家,情况概莫能外。当前,全球的债务占世界国内生产总值的比重是"二战"结束以来最高的。

依我之见,目前全球范围内都在推行一种饱受质疑的财政与货币政策，其原因在于我们在很大程度上单纯地追逐经济增长这一目标。"二战"以后，经济部部长路德维希·艾哈德（Ludwig Wilhelm Erhard）及其同道在阐释"社会市场经济"时始终强调要建设一个"走出供给与需求"的世界。经济学家威廉·勒普克（Wilhelm Röpke）的一本重要著作即以此作为书名。艾哈德深知，就人的满足感而言，在文化与精神的层面上，这样一个广义的道德世界是不可或缺的。道德世界是价值观的源泉与宝库，没有一个道德世界，任何一个社会，连同经济生活最终将无法存在下去。在面临着"围绕金牛犊起舞"的物质化威胁之时，道德世界也是人的支撑。路德维希·艾哈德曾援引过基督教的圣经警示过这样的威胁。艾哈德总是在告诫人们需要节制，这样的告诫显然并不过时。在艾哈德看来，人们不能为了增长而去追求增长，增长应是一种良好运行的经济秩序的结果。今天也同样如此，我们不应将增长本身作为目标去追求，不应人为地制造增长，进而危险地吹大泡沫。

随着世界各国中央银行发行过量的纸币，货币政策的功效已经在很大程度上趋于枯竭。尤其是设在巴塞尔的国际清算银行不断地指出这一点。现在的问题在于，如何逐步摆脱这一陷阱而又不致造成较大的风险。

此外还有一个问题，即富裕地区如何支援经济贫困地区。在全球化的世界，只有当区域之间的分化以及由此产生的冲突不再扩大而能得以控制的情况下，有产者的富裕与稳定才能受到保护。只有乐于分享才能防止分裂，这正是我们德国在1989年柏林墙倒塌之后的信条。当年，德国以及东欧能够基本上成功地实现一场和平的革命，这在历史上——从法国革命直到阿拉伯之春——是罕见的。

在全球化的年代里，我们现在再次面临一场事关节制与适度的革命。这场革命的目的是在实现根本变革的同时，避免造成过多的曲折。为此，我们必须首先促进发展中国家和新兴国家的经济增长，与此同时，发达国家则应致力于可持续的发展。如此，经济增长才能有助于世界维持适度与均衡。

德国联邦财政部部长

沃尔夫冈·朔伊布勒

2016年8月于柏林

引言

利己是一种强大的动力。我们有着很好的理由，可以将之塑造成一种经济制度抑或社会制度的基石。人们只要能够因其行为获取相应的成果，他们的工作效率就会倍增，同时内心的满足感也会更强。这是显而易见的事实。然而，利己一旦过度，便是贪婪，这就十分危险：贪欲会损害乃至摧毁一个合理的制度。

当前的金融与经济危机让我们清楚地看到了这一点。与以往的衰退不同，这场危机第一次使得我们的自由经济制度面临威胁，令其合法性受到质疑。多数人原本不相信我们今天还会陷入这样的危机。

危机的教训是，我们需要确立稳固的架构和可靠的规则，以此克服人们在市场上激起的贪欲。我们的社会存在着形形色色的传统、个人的责任意识抑或价值观，在在都构成了如此的架构。同时，国家在这里也承担着一种特殊的责任：国家的任务是在自由与多样化的条件之下为人们的经济活动与共同生活提供一个法律框架。国家必须关注可持续的发展，制定透明的规则并且抵制错误的行为，但并不阻碍创新与进步。

事实告诉我们，迄今为止的制度框架并不能阻止危机的发生。作为一名对我们国家的未来及我们的制度进步负有责任的政治家，我坚信，我们需要在更为广泛的层面上适应新的形势。但这并不意味着，我们应该废除社会市场经济体制，去展开一场有关基本制度的讨论。在全球化的条件下，我们可以在社会市场经济的制度框架内做出必要的校正。对此我深信不疑。我本人认为，这是适宜且最佳的道路，借此可以确保自由、富裕与安全。

当然，我们都更加希望生活在一个繁荣的时代。然而，现实则是另外一种局面，我们必须面对的是与此相关的挑战。我们必须对失误与偏差寻根究底，去思索这场危机如何演变成一次制度性的威胁。我们也必须去探寻，为了更好地维护自由制度，我们能够做些什么。只有这样，我们才能为未来制定正确的发展方向。我们必须清楚，并没有也不可能存在着什么最终的正确方案。

有些问题可以通过国家的行为得以解决，这主要是指德国、欧洲抑或是世界范围内的适当的政治决策。但是，我们不能只盯着国家，寄希望于国家来解决所有的问题。只有当每一个个体准备为自身和他人承担起责任时，一个自由制度才能存在下去。而这样的意愿产生于价值取向、个人的信念以及归属感，所有这些并不能由国家强制规定，而必须在社会中间自行产生并确立起来。

未来必须节制，这并不意味着，鉴于现实的危机，我们只能得过且过或敷衍塞责地面向未来。未来必须节制，这意味着，为了自由制度的可持续发展，我们不能失去"适度"这一元素。多年来，这一基本思路始终在我的脑海里盘旋。对我来说，当前的危机是一个契机，促使我在多次演说中从不同的层面更为详尽地阐释这一想法。约翰尼斯出版社提议将这些演说加工和提炼，整理成一本书付印出版，对此我谨致谢忱。

沃尔夫冈·朔伊布勒博士
2009年7月于柏林

经济与社会的安全

什么在令我们不安，以及信任是何等重要

"世上的可疑事情皆系本性使然，好事情则毁于无度。"威廉·勒普克[1]是社会市场经济的理论家之一，此话乃其于1957年所讲，今天依然适用。

这些日子，我们正在经历的是第二次世界大战结束以来现代市场经济最大的信任危机。我确信，这场危机的根源在于过度，而并非市场经济的缘故。

将近四十年来，我们见证了金融市场上前所未有的强大动力。《布雷顿森林协议》的终止连同其后汇率的自由形成，以及接踵而来的资本市场上的放松监管，所有这些都催生了金融与资本的全球性网络，从而极大地推动了世界经济的发展，促进了总体富裕程度的上升。

---

[1] 威廉·勒普克（1899—1966），曾在耶拿大学、格拉茨大学、马堡大学任教，希特勒上台后被解雇，此后长期担任日内瓦高级国际研究院教授；主张经济学原则上为政治化的经济学，其基本思想是建立一个能将经济学平衡、社会公平以及利益均衡紧密结合的社会。（若无特别说明，本书注释均为译者注）

眼下的这场危机并不应该诱导我们去质疑社会市场经济这一体制。我们必须清醒地认识到，人类历史上不可能存在无穷尽、不间断的直线上升式的发展。在成功与进步之后，倒退随即而来。这丝毫都不能说明社会市场经济制度失灵（否则，过去的数十年何以会运转良好并创造出繁荣），问题还是在于人之本性。我还记得，20 世纪 60 年代在史无前例的经济增长阶段之后，路德维希·艾哈德[1]曾经敦促过适度与节制，为此遭到了一番嘲笑，因为人们不愿意相信苦日子会重新再来。70 年代初，石油危机才让许多人幡然醒悟。

不受约束的市场

"放松对市场的约束——放开全球资本主义的缰

---

[1] 路德维希·威廉·艾哈德（1897—1977），1945—1946 年担任巴伐利亚经济部部长，1947—1948 年担任货币与信贷特设机构主任，1948—1949 年担任美英双占区经济管理局局长，1949—1963 年担任联邦经济部部长，1963—1966 年担任耶邦总理，在耶邦德国重建经济秩序与实现"经济奇迹"的过程中发挥了举足轻重的作用。

绳。"麦肯锡咨询顾问劳厄尔·布赖恩（Lowell Bryan）1996年在其论及放松信贷监管的书中这样写道。此书在金融市场上颇具指向性地位。然而，2008年时此言听上去则十分可疑，仿佛令人忆及伊卡洛斯天使以及他那灾难性的高空飞行[1]。人们若要试图理解当前（以及先前）的危机，必须清楚地意识到人的无度以及狂妄这一陋习。

对于当前的危机，从国民经济学角度有着许多解释，这些解释乍听起来颇为可信：美联储长期以来宽松的货币政策；美国房地产市场掉以轻心的过热（受社会与融合政策的驱使）；美国证券交易委员会关于取消证券商债务上限的灾难性决定；再融资以及遍及全球的超大规模抵押；还有证券化加上一直将手伸进德国居民存单里的所谓创新所造成的信贷风险。

所有这些解释都对，但过于浅薄。没有谁被逼着

---

1 伊卡洛斯系希腊神话中代达罗斯的儿子，与代达罗斯使用蜡和羽毛造的翼逃离克里特时，因飞得太高，双翼上的蜡被太阳融化跌落水中死亡。

去追逐那短期的盈利，也没有谁被逼着为了那几个基点的利差将钱从那些比较安全的国债账户转到那些投机证券和衍生品上去。然而，在资本市场高额回报的许诺之下，许多人便乐此不疲，其中有银行、众多的平民百姓，此外也有国家机构，例如一些地方当局。

我并不想借此转移人们的视线来回避国际金融市场上许多精英人士五花八门的谬误，诸如大型金融集团的管理人，连他们自身都无法看清他们曾参与打造的体制中的弊端。许多人出于薪酬、红利及股息的考虑在金融业的某些领域里早就养成了不良习气，其中的无度已经无法控制，在这样的情况下，失败的结局所造成的后果便会更加严重。

危机的探索

尽可能地从非意识形态的角度去分析这场危机的根源与起因，并且理顺危机在经济的增长和倒退相互转换过程中的作用，这是一项较为长期的任务。

回顾历史可以看到，较为严重的危机往往出现在较为长期的稳定与坚实的增长阶段之后。正是在19世纪现代工业社会的初始阶段之后发生了深重的经济危机，这一危机是从重大创新，紧接着的是投机与衰退的阶段发散而来。

谁若想查阅文献的话，可以推荐埃米尔·左拉（Émile Zola）的《金钱》（*L'Argent*）。当年也是狂妄野心与无度贪欲这一动力导致了祸患与灾难。埃米尔·左拉对此的描述——如同我们今日所知——并未受到时间的限制。当我们在说什么如此之类的危机以往从未有过这番话的时候，必须谨慎小心。此类夸大其词往往是视野有限抑或只是某种程度的言过其实。

这样的危机总是有着不同的起因，这肯定是正确的。全球化的世界以及全球化的金融业改变了社会条件，当前的危机显然与此密切相关。如同埃米尔·左拉描绘的工业资本主义的第一次重大危机一样，我们今天遭遇的也许是信息社会及其经济的首次重大危机。

信息革命

达伦多夫勋爵[1]（Lord Dahrendorf）在 2008 年曾经断言，金融领域的全球化主要是一场信息革命，并且根据相关从业人员的生活方式对此做出形象的描述：从前，伦敦城的银行家 10 点与 11 点之间走进办公室，12 点半喝上第一杯雪利酒，接着和一些相关人士饱啖一顿午餐，然后继续坐在办公室里，等到华尔街开始营业，也就是说直到下午 3 点半，之后打道回府。

达伦多夫勋爵还描绘了今日持续不断的信息流如何塑造出新型的"经济主体"：这些人 24 小时工作，直到精疲力尽。

金融市场上的信息社会导致的综合征与行为方式，业已接近人的承受能力的极限。衍生品交易意味着，风险及有关风险的信息全然脱离其现实根据，越来越

---

[1] 拉尔夫·G. 达伦多夫（1929—2009），德国社会学家、思想家、政治家，是自由派社会 / 国家理论的代表之一，其思想深刻地影响了"二战"后德国的社会学研究；1982 年被英国授予爵士，1993 年被授予勋爵；1967—1970 年担任社会学协会会长，1974 年起担任伦敦经济学院院长。

不清晰。

在旧式正常的抵押贷款交易时,银行可以查看作为抵押品的地产。倘若银行谨慎行事的话,便只会按照其价值的60%或80%来提供信贷。如此一来,只要地产价值不会大幅下跌,银行便会安全。一旦下跌严重,银行的亏损通常较小。个别情况下亏损严重的话,就会表明当初的评估发生了偏差。银行的借贷是以自有资本来保证的。决策、操作与风险都是其一手操控。

复杂的金融体系

现代金融体系则更为复杂。提供资金的银行将信贷风险往外传递,由第三方接手。第三方——在既不了解地产也不清楚借贷方的情况,亦即掌握的信息甚少的条件下——必须对风险做出评估。银行可以借此摆脱信贷亏损的风险,以为自身已经安全。但剥离掉信贷亏损风险之后,银行要承担由此可能产生的商业信誉上的风险。对银行来说,其原有的风险一目了然——大体上是某一企业地产的可利用价值——而现在取而代之的风险评估则要复杂得多。作为信贷风险的承接者，雷曼兄弟难道没有足以证明这一点吗？此外他们还必须依靠评估体系，而做出此类评级通常都采用非常独特的方法来采集与估量各种信息。

与经过如此简化的实例相比，现实的体系结构更为复杂。但是，基本的问题仍然是：缺乏透明度，日渐增多的加速度与错综复杂性。这些现象到处都有，金融领域同样如此。正确决策的前提是，总揽、理解并正确地评估所面临的问题。

现实则更多的是纯粹的信任代替了总揽能力与专业知识，他们几近狂妄地以为，一个如此错综复杂的体系并不容易出错。狂妄一方面会导致某种程度的轻信，而接下来必然会产生另一种结果：完全丧失信誉。现在已经没有人再相信金融市场。

信任成为当务之急

如何重新走出这场危机，以及未来究竟要做出什么改变，对此当然并没有什么现成的药方。但十分清楚的是，国家必须采取措施，因为在现实的局面下只有国家还享有必要的信任。通过联邦内阁决定的措施，联邦政府业已显示出我们在坚定有力地采取行动，直到重新充分地建立起对金融市场的信任。

联邦政府的决定并非是向银行的馈赠，更不是向处于困境的银行家们提供援助。这是一个必要的同时也是实实在在的一揽子救助方案，目的在于提升整个德国经济的行动能力，从而有利于这个国家的全体民众。

这场危机的一个正面效应是，危机映射出国家的价值与力量，以及人们对国家的信赖。很多人曾将国家视为过去年代遗留的一个残存物，而随着市场日益发展的全球化与自由化以及边界的开放，这样的残存物似乎已经变得无关紧要。然而，自由——无论是个人还是经济的自由——总是建立在责任的基础之上。

将自由与责任二者联系在一起需要秩序。

如同我们所知,市场的运作有赖于一定的前提条件,而这样的前提并不是市场自身所能产生的。市场首先需要一整套国家的外部构架,从而保证市场的行动条件,并确立起信任,而没有信任,市场便无法存在下去。

信任需要安全

市场与国家的关系同安全与自由的关系颇为相似,作为内政部长,后者是我负责的领域。自由与安全二者并非相互对立,而是互为条件。享有自由权利的前提是足够的安全,这是信任的基础。自由社会依靠信任而生存,这种信任是对经济能够正常运转的信任,也是对保护个体的信任,而自由则是其基本前提。自由社会的存在依赖于对公共安全与秩序的信任,依赖于对法治国家的信任。

而在一个全球化的世界,前提条件发生了改变。今天,安全政策的挑战不同于50年前。我们不仅拥有一个全球化的经济，我们也拥有一个全球化的安全环境。一个国家的危机与区域冲突会对其他国家与地区产生影响。与经济领域一样，我们也不能脱离世界范围的安全环境来评估自身的安全状况。参与者与相互依赖性变得不那么容易识别。

世界日益紧密的联系网络——既通过新的通信技术，也通过世界范围内的移民所推动——导致传统的概念与边界在消失。这不仅仅——但是同样——适用于安全政策。旧式的外部与内部安全的区分已经不再适用。一个恐怖分子是否从国外入境从事活动，对此加以区分已经没有意义。因此，我们必须创造前提条件，以便能够在紧急情况下卓有成效地——此处系指面对真实的威胁之时——采取行动。

为此，我们需要法律上的前提条件。我们需要情报机构，以便能够掌握到某些威胁，我们需要安全部门与情报机构之间的信息交流，同时我们需要能够跟上技术进步的侦查手段。在信息社会里可靠的情报是不可或缺的，如此才能切合实际地判断形势，并恰如其分地采取行动。安全政策同金融市场一样都必须如此。

有些人试图——出于某种程度的陈旧思维——将此贬为监控型国家。果真如此的话,诸位可以想象在德国会出现以下情景：只要您在家里说上两句话,就会全部遭到监听。事实上,2007年在德国总共有五百万起刑事侦查案件,其中仅有十起采用过住宅监听手段。诸位想一下,这十起当然不会是什么逃票乘车之类的案件。这就表明,在动用安全政策权限时国家并非毫无节制,而是十分谨慎行事。

绝对的安全并不存在。我们既不应该幻想国家可以保证完美无缺的安全,也不应该将此作为我们努力的目标。自由的制度依靠其不完美性而存在。然而,适度与审慎的国家行为并不意味着国家只能袖手旁观,因为从技术上讲,国家并不能采用非法手段,也不能用情报来威胁或者利用现有的情报来行事。只有当事件发生之后,法治国家才能出面维护自由的秩序。为了人们对法治国家的信任,为了社会的稳定,此乃我们的先决条件。

国家站在其公民一边。多数人都明白这一点，因而信任国家。这适用于安全政策，对此国家尤为不可或缺，因为确保安全乃是国家的一项核心任务。在国家更为节制行事的领域里，这一点也同样适用。

有益的一揽子计划

对此，联邦政府在金融危机时提出的一揽子救助计划便是一个范例。对于克服金融市场的急迫问题，该计划是可行的——同时我确信能够取得成功。这项计划将会提供流动性，提供信贷，从而保障金融基础。除此之外，我们必须彻底探究危机的根源与起因，然后进一步制定对策与战略性预防措施。最为重要的是，我们要从错误中学习，走出失败，迈向进步。

必须做出矫正。但是，我们并不可以将其称为制度性危机。谁若是相信能够创出一种完全没有危机与挫败的制度，他就会同样落入狂妄的境地，如同当年那些人一样，以为全球化市场具有无限的效益与稳定。过去的一些年里，几乎在克里斯蒂昂森与伊尔纳[1]的每场电视访谈节目中，有些人总是在责怪国家，呼吁放松监管；而今天我们仍然必须小心谨慎，不要总是要求更多的国家干预。我们必须将克服急迫的信任危机——此处所指并非是针对任何其他的人而是国家——与预防类似的危机二者加以区别。

我认为，问题并不在于更多或更少的国家干预，抑或是更多或更少的调控，而是强调一种更为有效、更有针对性的调控。

我也怀疑，总是将更多的调控上交到国际层面是否合适。这样做并不必然会提升制度的稳定性。在一个统一的体制内也许会避免发生一些个别的错误，但是每一个失误都蕴含着这样的风险，即会波及全体，从而造成更为广泛的影响。

即便就农业而言，单一种植的抗御风险能力也比较弱。景气的时候，单一经济与超大经济体往往会获

1　二人分别为德国电视一台和二台访谈节目主持人。

得惊人的业绩。然而,这样的业绩也会导致深刻的危机。因此,我们应该维护混合经营体,德国就是如此。我们不仅需要大型企业集团与大型银行,我们也需要强大的中小企业。这是应对无度与危机最好的良方,我们正是在这段时间里感受到这一点。中小企业所产生的效用值得一提的还有:与社会伙伴及客户之间的直接接触,员工的培训与照顾,企业管理上的家庭式传统。与此紧密相连的是价值观,这是市场运作的重要前提。就经济运行而言,道德与风尚如同企业经营与会计管理手段一样不可或缺。经济运行需要相互合作,需要建立在长期基础上的交换关系,经济运行也需要传统与经验。传统与经验——即便在有些人看来已经不合时宜——正是在这个快节奏、漫无头绪的世界具有重大的价值。

人是关键

在市场经济中行事的如果是这样一些人,他们能够以超越眼前与下个季度的视野来采取行动并承担责任，如此，市场经济才能总是处于强大和平衡的状态。威廉·勒普克的看法同样如此，他在其《走出供给与需求》(*Jenseits von Angebot und Nachfrage*)一书中这样写道："自我约束、有正义感、真诚老实、公平行事、正派有礼、保持适度、友爱互助、尊重他人、品行高尚——这些准则都是人们在进入市场并与他人竞争时必须具备的。"

上述这些都是很高的要求，即使在这场危机之后肯定也无法都能做到。谈及这些要求，并不在于具体细节上的清白与端正，而是我们不要将这样的品行抛到脑后。对此我们每个人都负有责任，我们必须全力以赴来实现个人责任与国家调节的相互平衡。

我们的行动越有效，我们优越的经济制度亦即社会市场经济就能更好地——符合我国所有人的利益——运行。

节制与适度

守责对我们的自由发挥着何种作用，以及未来我们如何做得更好

关于导致国际金融市场动荡的因素，我已在他处谈及。究竟是哪些因素与行事人对此承担何种责任，若要充分了解，则还需要一些时间。尽管如此，为确保金融体系的稳定与可信度，还是可以直接列举一些必须加以纠正的失误。

其中多数失误在过去几个月里至少已经概略地提及。诸如美联储维持多年的宽松货币政策，由社会与融合政策所驱动但结果却任其过热的美国房地产市场，美国证券交易委员会取消证券公司债务上限的灾难性决定，超大型抵押的再融资与世界范围内的遍布，证券化以及所谓金融创新所产生的信贷亏空风险。一个门外汉看不透这些，便会以为自己太笨。一位老同学曾经这样说："这种事你不懂，我也懂不了多少。"

涉及德国，必须再补充几点。例如，州银行利用公共钱款的恣意妄为。恐怕没有人会否认以下事实，

一些州银行——对他们而言，欧盟委员会未来的限制犹如一把达摩克利斯之剑——曾想最后再大玩一把。当人们失去理智，而且那些监管者显然并不明白这一点时，风险就会产生。事后来看，对金融业管理规定的一再放松也是一个失误。这样的决定所创造出的空间部分地遭到滥用。金融市场，同样还有互联网的虚拟空间都需要界限。最后，我还想对金融领域——银行、财务咨询机构、机构投资者或其他众多企业——决策者的失灵说上几句。

由此，我便开始涉及危机的真正原因。过去几个月里，已经有很多人谈到与写到"贪婪"这个概念。贪婪是人的一个本性，是利己的过度夸大。在经济活动中存在着危险的无度行为，正是这样的行为导致了这场危机，进而从总体上威胁到我们的自由经济体制。事实上，如果没有众多市场参与者的贪婪也就无法解释这类危险的无度行为。还有投资者的贪婪，他们不想错过赚取那些梦呓般盈利的机会——从投资基金到小型储户，直到银根短缺的社区。诸位请看跨境租赁这一实例。其中的盈利只有通过美国的国库损失才能产生。我实在不懂，如此做法的意义究竟何在。但是，诸位已经知道，我的老同学是这样说的："这种事你不懂，我也懂不了多少。"

对这样一些贪婪行为产生愤怒是可以理解的。但是，有些人试图利用这种愤慨来败坏利己动机的名声，而在自由市场经济体制内利己动机本来是经济增长的原动力。这种做法当然毫无意义。制度的出发点必须是人的本性，而并非人的理性。没有健康的利己动机，经济制度将如何运转，没有人能够对此做出解释，即使是那些试图回到这样或那样变种的社会主义与国家经济的人也不可能做出解释。我们在德国已经有了40多年的实践尝试；东部人的怀旧神话并不能对此做出更好的改变。

利用自由要担当责任

本来，涉及制度的完全是另外一个问题：在市场经济条件下,我们如何做到有责任感地利用自由?瓦尔特·欧肯[1](Walter Eucken)、威廉·勒普克、路德维希·艾哈德以及弗莱堡学派[2]其他卓有远见的思想家为第二次世界大战以后的经济重建拟定了理论基础,其中包含:通过社会市场经济秩序,亦即各种制度措施来规范市场活动中有责任心的自由秩序,此外还有对市场活动之外的校正性要素。社会市场经济预先规定了界限、规则和对冲,并因此遭遇到人的无度这一倾向。

上述两方面的要素规则,使得联邦德国成为在经济、社会与政治上致力于均衡发展的自由并享有福利保障的国家。没有这样指导性的决策,新的民主开端就不会如此成功。今天——《基本法》产生60年之后——我们有着正当的理由来为之欢庆。社会市场经

---

[1] 瓦尔特·库尔特·海因里希·欧肯(1891—1950),战后联邦德国社会市场经济理论的代表人物,主张既限制国家权势又限制私人权势,从而提供最大限度自由的经济秩序。
[2] 弗莱堡学派,系20世纪30年代形成的一个德国经济学派,因其中的主要代表人物在德国西南部的弗莱堡大学任教而得名,为战后联邦德国社会市场经济的理论基础。

济为自由与团结互助二者之间的协调平衡构筑了框架结构。自由必须始终与责任相联系。一段时间以来，这样的良好运转使得我们能够继续实施社会的再分配。

不过，我们也有做得过度的地方。为这种过度付出的代价是——可以回想20世纪70年代的经济危机——国家负债不断上升、失业不断上升以及税收不断上升。针对当年的谬误，自由主义经济政策的回答是"撒切尔主义"及"里根经济学"，而这样的经济政策，我们在德国从来没有推向极端。我们在80年代和90年代里所采取的改革措施是必要的。当年的改革颇为艰难，但是，在推行措施时遭遇阻力有时会使事情做得更好一些。事情太容易做，也许还不一定做得对。无论如何，当时确实取得了较好的平衡，国家的财政重新稳定下来。也正因为如此，我们才有可能在经济上承担得起幸运的重新统一——时至今日，在我看来，这是我国人民能够获得的最大馈赠。

让两个如此不同的社会建立在一个共同的基点上，花费了我们一些时间。在德国全力以赴忙于此事之时，出现了麦肯锡的咨询顾问劳厄尔·布赖恩所称的放松市场监管这一现象。布赖恩于1996年在其所著的《市场无边界——放开全球资本的缰索》(*Markets Unbound-Unleashing Global Capital*) 一书中提出这一观点。不久以后，论及全球化的《雷克萨斯车与橄榄树》(*The Lexus and the Olive tree*) 一书出版，作者是《纽约时报》的专栏作家托马斯·弗里德曼 (Thomas Friedman)。他在书中描述了由于取消壁垒和信息技术革命，资本投资人如何在世界各地寻找盈利最为丰厚的投资项目。哪个国家若不甘愿面临重要企业的撤离和就业岗位减少的风险，就不能失去"电子族群"(elektronische Herde)。

我们在德国花了一点时间来顺应这样的形势。确如弗里德曼所言，这样做导致壁垒与调控在持续不断地消失。资本投资人的"电子族群"连同其投资也带来了增长——尽管伴随着全球竞争出现了区位竞争——与富裕。国民经济的国际网络在日益扩大。我们今日回想一下，对于德国这样一个拥有强大出口产业的国家而言,这是一个良好的发展态势。没有贸易与服务业以及金融服务业的自由化,我们今天所享有的富裕生活是不可想象的。没有贸易——这里我们想到的是亚当·斯密的《国富论》——就没有富裕。人们今天必须不时地想到这一点。请诸位想一想,在很多国家——尽管还存在着各种各样的缺失——人们的生活得到了改善。如果世界人口增加到80亿或90亿,我们就需要发展自由贸易。无论如何还没有发现市场经济体制的替代选择,至少还没有这样的体制,可以让更多的人而不是少数拥有特权的人生活在自由与富裕之中。问题的本身是——同时将继续是——我们想要的是哪一种市场经济。

社会市场经济——并不完美,但是良好

通过危机我更加清楚地认识到,社会市场经济,这样一个持续不断的进程,它在经常性地平衡互相冲突的利益,并且通过国家行为来纠正并不乐见的市场

结果，这样的制度是一种最好的制度。同民主制度一样它也很不完美。诸位当然知道温斯顿·丘吉尔的名言。但是，无论是没有壁垒的资本主义加上作为守夜人的国家，还是将自由限制在最低程度的国家资本主义，二者在任何方面都不会更有吸引力。

迄今为止，我们将社会市场经济中最大程度地享有自由视为正确无误，现在看来却有必要加以修正。威廉·勒普克曾这样写道，保持适度是参与市场和竞争的一项前提。今天，金融业极其惨重的损失则让我们痛心不已。下面的一句话出自伯肯弗尔德[1]（Böckenförde），在庆祝《基本法》生效60周年之际常常被人引用：每一部自由宪法所依赖的前提都不是它自身所能创造的。无论从政治还是经济角度来看，金融危机清楚地表明，这样一句针对民主的断言——此处谨作必要的修正——同样适用于社会市场经济。

这并非是新的认识，而是一个重要的认识。对此，

---

[1] 恩斯特·沃尔夫冈·伯肯弗尔德,1983—1996年曾任德国宪法法院法官。

瑞士哲学家迪特尔·托梅（Dieter Thomä）不久前已经指出。托梅援引了约瑟夫·熊彼特（Joseph Schumpeter）的一本书。此书于1942年即已出版，书名为《资本主义、社会主义与民主》（*Kapitalismus, Sozialismus und Demokratie*）。熊彼特在书中表示，同民主相似，资本主义也不是一种可以自我充分调节并再生的制度。他认为，每一种市场经济都是从"资本主义之外的行为模式"来汲取动力。资本主义依赖于一种成功运行的社会生活，对此它可以无须花费多大气力。熊彼特继续往前迈出一步：当资本主义——引号中为我引用其原话——"瓦解了那些"在经济与社会中"需要加以保护的阶层与利益"之时，就会面临其存在的前提遭致损害的危险。熊彼特讲的是市场所产生的创造性破坏！整个生活的合理化会导致某种无法描述的成本效应，即使是私人生活也是如此，从而会造成两个严重的后果：消费者的增加和家庭的衰亡。今天我们可以这样说：分期付款的消费困境在上升，中产阶层的生活压力日增，经济动力衰减。熊彼特也曾预言，过度的经济化与追逐利润将会损害增长与富裕的基本前提。

因此,我们在这场金融与经济危机中——在一些大声喧嚣的演说与不那么明确的纠正措施之后——不要转移正题同时希望大家都能从危机中学到什么,将来变得谨慎一些。作为经济制度的守护者与塑造者,国家有责任燃起这种期望,从中总结教训,以便未来我们能够阻止发生此类规模的危机。此外,我们还没有完全克服眼前的这场危机。因此,我警告大家提防过度的乐观主义。勒普克与熊彼特讲得很清楚,如果没有界限以及不能自愿遵守这些界限——即为道德——的话,自由的经济与社会制度便不能维持下去。相反,奥斯瓦尔德·冯·内尔·布罗伊宁(Oswald von Nell-Breuning),这位德高望重的天主教社会学学者恰如其分地阐释了社会市场经济的优越性。他指出,社会市场经济并没有在道德上向人们提出过高的要求。向人们提出过高要求的制度是无法运行的。

防止无度

我们如何能够在克服当前危机时采取预防措施，来应对今后的无度并维护经济的可持续发展？听上去，这是一个甘泪卿问题[1]。倘若我们想维护经济自由，并以此重新获取发展动力的话，我们就必须采取有效的措施来防止滥用自由，对此没有人可以反对。只有这样才能保持熊彼特所描绘的前提条件，防止或至少抑制未来的体制性危机。当前的危机既非第一场危机，也不会是最后一场。但我们必须关心的是，不能让这样的危机对我们的制度造成威胁，因为经济实体本身并不能预防市场参与者所造成的风险。我们必须从危机中学习，这符合波普尔（Karl Popper）所定义的开放社会的本质。

---

1 源自歌德的《浮士德》一书。甘泪卿是歌德塑造的一位天真、淳朴、善良的女性形象，一位虔诚的基督徒，爱上浮士德后担心其不信基督而走上歧途，便询问浮士德对宗教的看法。对浮士德而言，这是一个棘手的难题，他害怕否定的回答会令其失去爱情，便给出一个模棱两可的回答。后人（尤其是德语国家）将此泛指为棘手且往往涉及良知的问题。

也许这些都已成为过去，因为此处忽视了一个基本原则，即维护充分适度经济行为的一个基本刺激体系是造成风险的人必须承担责任。"受益者必须承担损失"，这是瓦尔特·欧肯提醒过的。然而，以往的实践却违背了这一原则，由于风险不断地向他人转嫁，有些人就会错误地理解安全这一概念。其结果就是会形成制度性的危险，因为交易者的自有资本金份额日益减少，通过贷款支撑的交易中"杠杆"则越来越大。这些交易中的出资人，世界各地的投资者并不知道他们究竟投资些什么。风险如此难以估量，以致任何信用——包括银行——遭到摧毁，并因而导致跨行交易市场短时间陷入停顿。

盈利与亏损相互挂钩

首先，我们需要重新建立盈利与亏损、风险与责任相互挂钩的措施。合理的措施，例如限制转嫁风险，转嫁风险原本属于保险公司的业务，而并非银行的业务。今后要对这样的业务更好地实施监管。我们必须确保，预期的风险最后一定要有充足的资本来做抵押。为此，将来必须按照巴塞尔 I 与巴塞尔 II 协议的规定来审视一些银行。也许我们还要严守社会法与刑法，更有效地威慑那些将后果向第三方转嫁的行为。

提高交易的透明度

然而，我们也不要天真地以为，只要在调控金融市场时拧紧一些螺丝即可收到成效。过度的调控导致过度的收紧，不可避免地会失去巨大的增长机会，无助于解决问题。对此，政治舞台上的一些人物还不甚明白。我们必须涉及另外一个核心问题，这就是关联交易及其背后机制缺乏透明度和可信度。对于一些面临亏损的信贷项目，一家大型评级机构会做出"三 A"级评估及认证，造成风险并不严重的印象，很多投资者因此便会投入到一些高风险的交易之中。

笼统地认定银行与银行家们都没有履行其信息和

咨询义务，这样的看法并不有利于问题的解决。迄今为止，法院审理的案件给人的印象也不一致。但有一点确实如此，即在金融业的整个从业链条上找不到某个项目真实风险的关键信息——我的这种说法应该还是很有分寸的。金融部门本身就有义务公开信息，以便对其账目与交易进行核查。如若违背了这一原则，银行与金融中介服务业——我确信——将会因为所造成的损失失去信用而难以自拔。因此，即使是为了金融业本身的缘故，我们也需要更高的透明度。泡沫总是在威胁到制度层面时才会破裂，公开透明毕竟是自我保护的唯一办法。

具体而言，哪些措施对建立透明度最为适宜，这是我们必须思考的问题。目前，在国家层面，尤其是在国际层面上有许多这样的措施在讨论。在我看来，重要的是在所有层面上都要采取预防措施。这适用于国家的监管，同样也适用于对市场以及市场参与者的监管措施。

而其他所有的措施则有违辅从性原则。按照辅从性原则,解决问题的最好办法是,由最为合适的机构在尽可能小的范围内来实施。从金融业的关联范围以及当前的危机来看,如果国家试图通过监管与校正性动作来解决问题,而市场参与者自身却不行动的话,其效果并不必然更好。

市场参与者承担责任

对国家现在为稳定局面采取的所有措施,我们必须严格遵守这样的原则,即只要——在一个尽可能优化了的监管范围内——市场参与者自身能够更好地解决问题,就不采取国有化或集权化的做法。所谓辅从性原则即为:首先是由银行与投资人承担责任。供给方按规矩行事,其中包括对风险采取比较有效的预防措施。需求方必须清楚,自己的首要任务是对项目的风险要有确切的了解。当一个项目或一项交易的复杂程度超过了人的理解力时,也许就应该将之放弃。

将决策转交到第三方——例如评级机构——的做

法无论如何是不可行的。评估公司的评级显然并不是建立在信息充分的基础之上。这本来并不让人吃惊，我们可以想一想，在办理我们这些私人客户的业务时，银行通常需要花费多大精力。在金融系统里，日益的专业化与信息革命导致了成千上万名银行员工的直觉与判断力被极少数专家的数学风险模型和风险评估所替代。其结果是，我们这个本来旨在以分散化和多样性为目标的市场经济制度内却潜入了一股集中化的势力，如此一来，甚至连为数不多的几家评级机构也无法成为金融系统内的某种中央处理器。最终，评级的工作还是交给人——带有人本身所有的一切缺陷和疏失——来完成。显而易见，在评级机构及其客户看来，这样的评级结果是不会出错的，并据此看法投下赌注——超过其资本额数十倍的认购。

在更加广泛的基础上做出决定

为了增加透明度以及遏制风险，我们不仅需要制定更好的规章制度，也要对风险分散地进行评估。人必然会犯错，既然如此，分散决策就会好一些。这样一来，市场参与者便会根据自己的判断做出决定。竞争的结果会告诉大家，哪些决定比较好，哪些决定比较差。好的决定会获利。但是，差的决定所导致的失败不会立即将大家都拖进深渊。因此，分散化可以防止失误威胁到生存。

尽管拥有众多研究机构与高薪分析师，金融业还是哀鸿遍野。究其原因是供给方之间并不能真正展开竞争。过去几十年里持续的集中化进程造成了这样一种局面，即不仅是"大得不能倒"，而且是"大得不能动"，这一点在英美银行界尤为突出。这样的银行已经无法判断由他们自身所造成的风险并将其维持在可控的范围里。很显然，定价机制已经失灵。本来，这样的机制就是用来防止出现如此畸形的过高评估。

有些人要求将大型银行国有化，这样做当然不能解决问题。恰恰相反。在德国，正是一些州银行因为投机遭受了重大的损失。其中有几家已经不再集中精力从事其本身的业务,而按照辅从性原则这些原本正是其任务,即促进地区经济结构的合理化。通过一揽子救助计划来合并这些州银行使其摆脱困境,而不是去纠正其中过度膨胀的资产负债行为,这种想法恰恰是对金融危机的错误回应。沿着这样的思路,只能是产生更大的机构,亦即集中化,而并不是将州银行重新扭转到促进分散的、多样性地区经济结构的轨道上来。正因为如此,联邦政府的整顿模式是将毫不含糊地削减资产负债作为复苏的前提条件。

多样化而不是单一经营

对我来说,这是从当前危机中得出的另一个教训:与单一性经济相比较,多样化的经济结构可以较好地防止系统性危机和沉重的损失。当然,拥有一个强大的市场地位,例如德国汽车业现在的情形,总是会有为数众多的专业化配套供应商。但是,总体看来,我们的经济并没有依赖于某一个产业,对此我们必须感到欣慰。否则的话，我们所遭遇的危机要比现在以及今后更为严重。此外，值得注意的是，在集中化过程会造成有害后果这一问题上，保守主义与马克思主义对资本主义的批判破例地完全一致起来。

因此，为了开发新型产品进而能够持续不断地多样化，我们必须更加强有力地做出努力。首先是中小企业，它们——日益专业化地——在市场上站稳了脚跟。他们常常在为社会保障及社会需求承担着更大的责任，在企业家及企业的传记中以及多年来整体经济的效益中，我们常常可以看到这些。人们完全可以将此称为可持续性的表现。企业家，而并非经理人，才是支撑着社会进步的阶层、团体力量及行为方式，对此，熊彼特称之为市场运行的前提条件。

可持续的经营

我们若想维护这样的前提条件，就必须更加强调经济的可持续发展，即便在企业内部也是如此。在对市场放松监管以及追逐利润最大化的过程中，很多上市企业产生了短期——更可悲的是短视——的思维方式。试想一下：倘若一家企业为了实现一定的增长率，而耗尽了自有资本，这样的做法对企业会有什么好处？为了更高的市场份额不惜同竞争对手、员工以及客户产生激烈的冲突，这样的销售方式果真是正确的吗？某些企业以为可以从监控员工的行为中获得好处，但这样的做法会导致失去员工动力、客户联系以及公共信任，权衡二者的利弊究竟如何？还有，两个家族企业试图通过资本市场吞并两个规模大得多的企业，还有其他类似丑闻，这些不能不令人重新思考。

迄今为止，涉及金融业可以这样说，大量的红利都是落在中间的交易环节，其盈利情况今天可想而知。为何许多股票行情一年前还看涨，眼下却无人问津？原因也许在此。在一连串的炒作之后，这些股票的行情取决于某些关键性因素的变化——某些原材料的价格、对某些产品的需求变化等等——对此，在现实形势下几乎无人敢打包票。假如这些股票本身经不起波动，其结果不言自明：出于自身利益的驱动，一定会导致抛售，从而产生波动。尽管并未获得原先的期望值，相反，经过一段时间并且随着收益的终止而下跌，销售股票的佣金收入却并未因此受到同等程度的影响。接下来，这样的自身利益诱导机制也许还会导致去重新竞逐那些由于可持续经营因而真正有吸引力的资产项目。

总之，我深信，如果我们真的想可持续地经营，如果我们希望防止今后的体制性危机，我们就必须相信这样的机制。我们是否能够成功地制定出有效的预防措施，在很大程度上将取决于：由谁来承担当前危机所造成的后果。我在前文已经解释过，为什么按照辅从性原则首先要向银行问责。我们显然已经涉及一个要点，而在这一点上没有国家的作用就不行。但是，这样做并不等于让纳税人——他们在某种程度上是国家股份的持有者——来承担必须采取的救助措施的全部费用。那样的话，我们不仅会违背基本的公正原则。同时也会产生这样一种印象，即今后还可以这样干，反正国家早晚会出手相助，因为它必须这么做。

因此，我在联邦政府内——以我的职责所赋予的应有的审慎态度——致力于持续不断地制定出必要的稳定措施，这些被简称为《坏银行法》，为诸位所熟知。为此，处理危机时的成本与收益必须同国家所支持的企业的资本挂钩。在这一点上，联邦政府内部本来存在着意见分歧。但现在我们已经达成了一项解决办法，即要充分地考虑到瓦尔特·欧肯的核心观点——谁造成风险，就必须担负起责任。

还有几点看法需要澄清。诸位也许听说过所谓的要点文件，此乃联盟党主管的部门推动内阁做出的决定。涉及的主要是所有高风险的资产项目，以及那些目前虽无清偿能力但极有可能重新复苏的项目。但是，为了维护社会市场经济的基本原理，我们必须坚持贯彻两项基本原则：处理自由这一原则时的辅从性以及在处理那些没有国家救助便无法稳定的企业时坚持结果与资本挂钩的原则。

可接受的并普遍适用的规则

普遍适用性与普遍可接受性是国家、经济与社会制定规则时的两项基本原则。失去这两项原则,至少民主制度便难以立足。而任何其他的对策方案将会损害自由制度的这两项基本原则。古典哲学家们早就将此视为一个完好的政治集体的关键价值。规则一定要能做到被一个国家、一个社会的全体公民所接受。在我国的历史上正是因为具有这样的认同,才能在第二次世界大战全面失败和道德遭到摧毁之后取得令人难以置信的建设成就。

我们绝不允许让危机葬送法律的可接受性以及对自由制度的认可。因此,各个领域里的精英人士有责任告诉人们,大家一起来共同承担危机的后果。专业领域的精英们的任务始终还是要秉持这样一种职业道德,即个人自身的行为必须顾及对社会所造成的一切后果。如果再次涉及医疗改革的话,必须注意提醒一下医生们。也许在放松监管时疏忽了提醒金融界的精英人士，他们从中得到实惠时必须严守职业道德。总之，我认为，为了保证质量或维护客户的信任，不应完全忽视职业层面上的对策方案。在细分领域里，主要不是通过国家监管，而首先是通过自我监督来限制经济上的竞争，未来这一原则依然十分重要。这也同样适用于三支柱架构组成的银行体系[1]。只有这样，我们才能重新看到较为长期行事的市场人士，才能重新看到金融业的可持续发展。

倘若市场与竞争显示出——亦即意味着所有的生活领域都被片面性或毫无节制导向经济化——滑入不良境地的趋势而不是形成一种普遍可接受因而稳定的制度，这就说明我们必须关注公众的职业道德问题。金融界第一步要做的是重新思考金融业存在的理由这一命题：实现资本向企业与私人有效的分配，在国民经济体系中实施存款向贷款合理的风险转换以及维护

---

[1] 所谓三支柱架构，意指德国的银行分为三类：一类为综合性银行（亦称全能银行）；一类为储蓄银行；一类为互助合作银行。

良好的货币与资本往来。

为了世界的繁荣而投资

诸位想一想气候变迁以及保护环境和人口所必要的投资,即使没有经济危机,在这一领域我们也面临着巨大的任务。非洲与地中海地区日益严重的缺水越来越迫使我们加强发展合作。这也是金融业在全球化时代不可推卸的任务。一些银行已经将这一领域视为最新的市场,并且通过小微贷款取得了良好的业绩——为他们的股东以及当地的社会——而本来即使提供数十亿的发展援助也未必能够取得如此的进展。在原材料与能源的开采领域所需的投资同样要求银行发挥举足轻重的作用。除了银行,还有谁可以向这些具有战略意义的大型项目提供资金?

为此我想说:金融企业的功能应该是向社会提供服务,而绝不允许沾上自我服务的色彩。对许多人来说这种反思并非易事。然而,为了重新获得社会的信任与承认，对银行和金融服务业而言这样的反思则是唯一的机会。此外，在公众的讨论中必须明确这一点，即所有在经济领域担负领导责任的人士对此也要有清醒的认识并为解决问题做出自己的努力。此外，无论是过分的、民粹式的资本主义批判，还是毫无责任可言的绝对自由，这样的信条皆须抛弃。

在实用主义意义上，多点谨慎和小心并且乐意倾听他人的想法，这样的做法于人总是有利。我们必须注意，对危机也不要反应过度并因此而落入另外一个极端。正因为如此，我感到高兴的是，联邦总理十分注意，如严格遵守所有的财政纪律。倘若国家现在因为过度负债而丧失行动能力的话，将会更加危及人们对我们制度的信任。抑或也可能会由于过度反应而导致通货膨胀。这就意味着，我们在采取任何措施时都要加倍注意维护公共机构的行动与控制能力。国家只有保持着行动能力，才能不负众望地履行其职能。当然，国家不可能满足所有的期望，必须将自身的行为限制在真正必要的范围以内。

我相信，很多人也有同样的感悟。正是在德国，许多人在危机中令人惊讶地保持着沉着与冷静；也许因为他们知道，并不存在一种立竿见影的解决方案。

危机中的机会

在我看来，尽管如此——听来似乎有些矛盾——危机也意味着机会。近些年来，我们的社会在许多方面已经在进一步分化。对市场监管的放松也导致许多人以为凡事要做到最大限度才行。我在2003年的一本书中已经谈到适度、适中与均衡，但是谁要是同我的看法一样，在不久前就会被视为有点落伍抑或简直是不食人间烟火。而现在，当追逐极端——不管是利润率、增长率还是增加薪资——产生的巨大风险变得如此明显之时，也许正是改变想法的机会。一个自由的社会想要可持续地生存与经营下去，并且也要为后代保持这种机会的话，作为一个基民盟党员的我认为，节制与适度就是这个社会的核心价值。

对此，迪特尔·托梅也有阐述。他认为，为了防止出现熊彼特所论述的"我们社会的前提遭致摧毁"这一现象，有效的预防措施并非法规，而在于价值的传授，即传授那种"弥久常青、应该日复一日坚守的良好生活观念"。这两种观念——以节制与适度为目标以及以公众利益为先导从而将个人与社会的良好生活协调一致——其实是古训。亚里士多德首次将其记录在案；它们数百年以来也对基督教哲学产生了决定性的影响。

也许——此为我的观点——由于并通过此次危机的教训，我们能够成功地找到一种适度与责任的新文化。这样，经过危机，我们的社会作为一个整体会强大起来。我认为有着很好的机会实现这一点。在并不总是一帆风顺的60年里，我们的自由社会还是把握住了每一个挑战。我们也因此在不断进步，并且——比许多人所相信的那样——更有经验也更为开放。能否把握当前的挑战并为了未来而学习，一切都取决于我们自己。

不断地实现再平衡

我们的生活发生了哪些变化，以及连续性会提供哪些帮助

18年前——1999年年初，我们开始思考如何面对千禧之年。2000年滋生出来不少对美好未来的愿景蓝图，而悲观论者也忙得不亦乐乎。报纸刊登文章，回忆1000年前在如何预言世界末日，即使在1900年的世纪之交亦出现过某些末日幻想。对诸如此类的迷信幻觉我们并无兴趣；但是，当电脑转换年份数字尚且需要三个零的时候，这曾经是一个大问题，而且并没有被真正弄清楚。为了尽量应对可能发生的许多问题，管理部门以及经济部门做了大量的准备工作。据说花费了数千亿美元，还有为了防止核武器失控也动了不少脑筋。早在1999年1月1日欧元开始成为结算货币时，悲观主义者已经预言绝对会发生一场高危事故。接下来危机出现在其他地方。

2000年3月，新经济中的泡沫开始爆裂。一些新信息技术企业的股市行情远远超过那些传统的大型工

业集团，而这些新的商业模式当时并没有获得一毛钱的营业收入。人们担心事情不妙，但又不想错过这种绝佳的起步机会。还有，在第三个千年开始之时我们已经不再像17世纪时我们的祖先那样愚笨。对当年投机荷兰郁金香拉高的疯狂行情，人们实在只能付之一笑。

在此期间，这样的笑谈已经远离我们。此时由工业信贷银行、复兴信贷银行和地产抵押银行发端，接下来是有关州银行的坏消息，这些似乎都在证实，国家与政界并未能够在错综复杂的国际市场上采取适当的行动。然而，当人们还来不及对此发出怒吼之时，美国的房地产泡沫早就演变成一场金融与银行系统的实实在在的整体性危机。至于这场危机必定会蔓延到实体经济，只有那些在货币与信贷对产业分工经济运转的作用上毫无概念的人才会产生怀疑。国际金融与经济体系中的一些大师曾经不知疲倦地宣称，现今已经根本不能预见或预言任何事情。而眼下这样的大师已经踪影全无。

更加现代并不等于更加聪明

"瞧,我站在这里,我这个可怜的蠢货,还从来没有像现在这样的聪明。"——歌德《浮士德》中的名言常被人引用,而且在不同的生活处境中显示出富有教益的表现力,从而表明此书终究是一部人类的寓言。我们已经更加现代,但未必更加聪明。

因此,我们满怀忧虑的不安心情,面对着可能发生的事情。即便是已经没有人再做经济预测,但所有人都在想,我们面临的是一个更为艰难的时代。世界经济出现的问题不可能不对德国产生影响。我们的优势在于出口,同时,与所有欧洲和西方伙伴相比,我们的工业产品更有效率,但正是这两点让我们直接地感受到世界市场上的需求在下降。然而,我们不必为此不知所措,是的,我会解释为什么在我看来无须不知所措。

从根本上来说,这一场危机再次证实了古老的人类经验:每一次进步亦有其阴暗的一面。火药的发明如此，汽车的发明同样如此。正如我们从希腊神话中学到的那样，在普罗米修斯盗取火种之后接踵而来的是潘多拉的盒子。

在不知满足与过度饱和之间

第二条经验与此相关，即人总是倾向于通过极端行事从而导致破坏，亦即将进步转化成损害。有谁不会想到巴别塔的故事[1]？

重要的是，不要因为损害与风险而看不见进步或正面的成果。在著名的半杯水故事里，这个杯子究竟是一半满还是一半空的问题已经包含了这样的道理。如果大家都在抱怨国际金融市场及其无度，并且将金融创新产品——其风险最终无人能够掌控——视为问题的缘由的话，请不要忘记，没有货币与信贷便会没

---

1 巴别，《圣经》中的城市。据载，巴比伦人想建造一座巨城和"塔顶通天"的高塔以扬名。上帝怒其狂妄，使其建造人突然使用不同的语言，现场一片混乱，塔因此终未建成。

有市场运作，基于分工的经济活动也就无法进行。眼下我们可以看到，当银行难以提供足够的信贷与流动性的时候，我们便会意识到，在世界经济关系中金融市场的效能在世界经济关系中是何等重要，没有它，我们的生活与社会福利水平便无法维持。总而言之，失去有效、创新的金融市场这个飞轮，经济繁荣也就不会存在。世界各地，也包括我们自己的社会中，存在着的种种贫困现象，始终让富有的人们感到羞愧，为此，我们不能忘记，几乎在世界的每一个地方，经济的巨大发展在为数十亿的人口造福。

换句话说，人们的忧虑与恐惧也会过度，谁若是只看到损害与风险，便会与天真的进步信徒同样盲目。

接下来还有一条经验：饱和定律。简单地说，所有那些我们以为理所当然地可以拥有的东西，最终会失去其特有的价值。多少父母不断地在提醒自己的孩子："当心你的身体！"这种提醒往往是徒劳的。但是，在对健康状况似乎并无十分把握的时候，此时身体健康又变得比所有其他的问题更加重要。其实，大多数人需要的就是清新的空气和清洁的水，如此而已，从前就是这样。

众所周知，供需关系是每一项自由定价的基础，也就是说，每一项估价最终都包含着主观的因素。我的祖父是施瓦本人[1]，他深信地产不会失去其价值。倘若看到美国的房地产泡沫，他一定会愕然不已。至于黄金是否保值，人们只能观望对其的需求将会如何维持。

每一项已经达到的目标以及每一次已经实现的追求，这些都有可能失去其本来的意义。这符合经济学的边际效益递减法则，同时也让政治变得不那么容易。已经到手的变得不那么可贵——否则如何解释在新联邦州所有选举中投票率的迅速下降？就在20年前，当时的民主德国最大的渴望之一即为自由选举。

拒绝进步同迷信进步一样，都是同等的盲目。正

---

[1] 施瓦本，位于德国西南部，包括巴登—符腾堡州南部与巴伐利亚州西南部，以及瑞士东部和阿尔萨斯。风景秀丽，中小企业发达，系德国最富裕地区之一。在德国，"施瓦本人"是勤劳、能干、节俭的同义词。

因为如此，我们必须保持平衡。如同我们在物理课上学到的那样，平衡是一种不稳定的均势。这意味着，平衡总是会被打破，并且总是需要重新实现抑或得以保持。按照卡尔·波普尔的理论，我们首先是从自身的错误中学习。正如波普尔在其《开放社会及其敌人》(*The Open Society and Its Enemies*) 这一巨著中深刻的阐述，没有什么是永远正确的，这是自由的一个必要的前提。平衡也大体如此。一旦要失去平衡，我们会重新调整。钟摆在一定程度上又会回头。不久以前，每一次尝试对国际或国际金融市场进行调控时，这样的尝试都会遭到谴责，被斥为违背未来的机会，而正是当年那些最为苛责的人，今天却在用最大的嗓门要求国家出手。根据波普尔的说法，人类就是在"试错"的过程中不断发展，同时，只有这样才有可能实现自由。

在变化中生活

正因为如此，我的信心油然而生。出现过度，过度则要求必须做出调整。但是，这并非意味着停滞不前，而是继续发展。形势在发生变化。很多人说，鉴于科学技术的进步，改变的速度已经加快。从生态环境、信息技术、社会结构直到人口都是如此。这同样从诸多方面提供了担忧的缘由。然而，人类依旧——为自由而生并不断地犯错——并不完美但仍旧是独一无二的，对此并非仅仅是基督教徒所知。

就我们看到的而言，人类并没有变得更加聪明，在道德上也同样如此。几千年以来的历史也证明了这一点。这也许是20世纪重大的意识形态犯下的主要错误，因为它们相信可以从基本框架结构上来改变人类。残暴的极权专制就是这种谬想的后果。

但是，人总是可以不断地学习，发现新事物，追求新知识。舍此便无从解释人类历史的独特性。还是按照波普尔的"试错法"来学习吧。这意味着，投身于持续变化的现实生活之中，对其加以观察并尝试着从中获取尽可能正确的结论。

我想简要地勾勒出这样一些发展态势。

技术进步

技术进步过去曾被人不太准确地称为合理化。正是技术进步对商品与服务业的生产与分配方式产生了迅速与深刻的影响。这是提高富裕水平的决定性因素。对于富裕水平的提高应该有全面的理解，例如，通过能源的应用取代了人的劳动，这样，与从前相比，人的劳动强度就大为降低。科学与技术的进步对教育、培训以及职业素养的要求大大提升，即使是比较弱智的人也必须受到合格的培训，因为在劳动市场上那些对技能要求较低的领域已经大为缩减。我们的日常生活也因此发生了多方面的变化，只要想一下零售业的发展就很清楚。地方城镇的政治家们十分了解在这些方面出现了哪些新的要求。今天，人口的流动不仅对城市内部的交通规划十分重要，而且对越来越多的人的职业与人生规划同样提出了要求。

新的生活方式

与科学技术的进步相关联的是平均预期寿命的延长,机器的应用减轻体力的负担,饮食的改善直到医药科学难以置信的进步都是例证。性生活与繁衍后代二者的分离,有助于计划生育并且真正实现了男女平等,这些都在一代人的时间里从根本上改变了对职业与家庭的看法,并对二者的协调一致提出了新的要求。此外,还要加上前文已经提及的职业与居所的不断变动。预期寿命的延长产生了日益增长的老年人口以及护理需求,所有这些都对社会及其机构,当然尤其是家庭提出了新的挑战。

信息的爆炸

信息的采集、传播与加工的新手段,以及信息与通信技术对数据保护而言不仅意味着新的挑战,还改变了工业生产以及服务业和行政管理,并以其难以置信的计算能力在迄今为止尚未认识到的程度与速度上推动了科学与技术的进步，同时也改变了媒体的公共传播，这种影响涉及的不仅仅是报纸的出版或碟片的制作。人的关注度——即对信息的接收与处理的能力——总是有限，因为如此，围绕关注度的竞争——通常称为收视率或发行量——在难以计数的信息载体之间愈演愈烈。充斥着丑闻的信息秉承"坏新闻即为好新闻"的法则在怀疑声中通行无阻。公共信息体系几乎不可避免地走向戏剧化与平庸化，这是我们今天观察到的现象。还有，在一个时间段里出现的信息也日益千篇一律。由此必然会导致受众的迅速厌倦从而迅速地更换话题以获取关注度。社会学家注意到，公共记忆的耐久力在下降。

即使是我们的思考方式也在受到影响。从谷登堡发明活字印刷以来，我们习惯于一页一页地阅读。逐渐在或多或少地按照逻辑顺序来接收信息。使用谷歌以后，只需点击一下鼠标，信息就会立即出现在你的面前。像我这一代人，谁若是缺乏耐心去搞懂使用说明书的话，在现代技术设备面前一定会束手无策。

交际方式在很大程度上左右着每个社会，尤其是每一个自由思维的社会，因此，迄今为止，数字革命对社会与政治结构的影响才刚刚开始。

瞬间的世界

整个世界都将所有这样的发展归为一点："全球化"。我们今天可以及时地获取地球上每一个角落的任何信息，相反，至少从原则上来看对方也可以做到这一点。于是，截然不同的生活环境的同时性就会在不同的文化与区域，以及尤其是贫富之间孕育着新的冲突。一切都会同所有人产生关联：世界气候、经济与金融、暴力冲突的威胁、失败国家、不对称的战争方式、有组织的犯罪以及国际恐怖主义，通通如此。地球上某一个角落发生的事情，对其他国家会产生多方面的影响。这又会导致新的质量与数量上的变动。对此，我们可以通过世界市场、旅游活动以及世界范围内的移民得以观察。据联合国的专家估计，当前的移民整整达到两亿人。由此就会对安全问题产生新的挑战，而维护安全是每一个政治制度的原始任务。这同自由并非形成对立，因为没有得到国家——抑或更好地说是政治——制度担保的安全，自由权利充其量只是停留在纸面上。但是，全球化——包括移民——首先也意味着，我们不仅是在遥远的异国他乡，而且是到处同时也在自己的家乡经历着多样性，这就意味着：截然不同的地理、文化、社会以及宗教出身的人的融合必然没有选择的余地。

面对如此这般迅速发生的变化进程，我们不能袖手旁观，并要做出符合人之本性的回应，这样的回应便不会对我们形成过低或过高的要求。对此并不存在唯一且一劳永逸的正确回应，幸运的是没有，因为这并不符合未来的不确定性以及自由的原则。但是，我们可以依靠波普尔的办法来处理。

宗教的重要性

我已经谈及移民的影响以及融合的必要,此处便开始谈谈宗教。宗教不会从人的生活以及人的社会中消失,对此每个人都是这样认为。21世纪是否是宗教的,安德烈·马尔罗[1](André Malraux)早就说过,之前伊斯兰大会的举办表明他是正确的,不久前去世的塞缪尔·亨廷顿(Samuel Huntington)也看到了这一点。人类社会总是在寻找休戚相关和相互认同的理由,除了共同的记忆或神话以及互相分担情感以外,更为有力的理由则关系到共同寻觅人生的意义。尽管产生了众多惊人尤其是天体物理学的发现,诸如创世大爆炸与黑洞理论,人类思考的依然是人的生前身后事。事实上,时间与空间的无限超过了人类的想象力,而这就再次证明,人类若没有限度并缺乏对自身局限性的认识,生活便会变得一团糟。这同样是对无所不能论

---

[1] 安德烈·马尔罗(1901—1976),法国小说家、艺术史家和政治家。戴高乐当选总统后,他曾任法国文化部部长达十年之久。

的一剂良药，也是针对无度与傲慢的一剂良药。

渴望共同体

单个的人是无法生存的。人并非是独自来到这个世界，独自离开这个世界一定也颇为凄惨，而在生命中事实上不可能单独生活。在阅读丹尼尔·笛福的《鲁滨孙漂流记》的时候还是要反复思索这个问题。然而，单个的人并不仅仅是社会的一分子——毕竟我们的社会不是蚂蚁国。希特勒没有成功，其他的独裁专制者也没有成功。在解决问题的时候总是要从个人的关系、责任与相关事物中间去寻求答案，在芸芸众生之中则无法找到解决方案。面对虚拟世界，我们需要展开一些讨论，眼下我们还刚刚处于起步阶段。与官僚机构或极权统治的规定相比，人们出于自身动机或自我利益考虑做出的自主决定更有效率和创造力，正是这一点才显示出市场经济模式的优越性。

表面上看来，这种看法似乎在唱高调。而事实上，这完全是日常的经验之谈。倘若在一个可以一目了然的小范围内存在着一定程度的责任心、一致行动以及想象力、创造力和投入能力，这已经足以令人惊讶。城市里部分群体的市民的自发活动，文化团体与体育协会的义务活动，还有工会、宗教团体、政党、市民倡议、消防、红十字会、技术援助机构以及其他各种类型的公益组织的活动，其实皆属此列。随着代际的更迭，机构的形式可以出现变动。但是，乐于投入为自身同时也为他人有益的活动，这点并没有改变。对于人类来说，追求自主决定亦即自由，这是内在固有的，如同人类必须依存于一个共同体一样。

而家庭对所有人来说就是这样的机制，这是人类自古以来最早体验到的共同体。家庭不可或缺，并在经历过任何变动之后仍然是天然的共同体，家庭是实现一代又一代人的共同生活与责任共同体的所在，由此也实现了人类社会的代际延续。

我们的信心正是在这样的基础上产生。形式在变化，但内核则会持续。各种跨文化的比较也都证明了这一点。至于形式的变化并不会造成威胁。停滞并不适合人类。前文中我已引用过浮士德，这里再次提及他的赌注："要是我对瞬间说：停留一下吧，你是如此美丽！你就会将我置于缧绁之中，我则甘愿遭致毁灭！"停滞并不适合人类。单调会导致厌倦和无聊，同时也会——如同我们从生物学中学到的知识——让人类缺乏抵抗力。正如英国犹太教会的精神领袖乔纳森·萨克斯（Jonathan Sacks）在论及宗教之间相互关系时阐述的《多样性的尊严》(the dignity of diversity) 那样，只要相互交流，外来风格不会威胁相反会充实彼此的沟通。为此需要共同的语言，需要对他人的兴趣。此外还需要宽容，包括不同宗教成员之间的宽容。如此才可称为融合。也因为如此，我创办了德国伊斯兰大会。

社会不仅仅局限于供给与需求

经济与经济成就固然重要，但并不意味着一切，这样的道理也适合于多样性。我们不可以将人类社会仅仅局限于供给与需求这样一个进程之中。这是威廉·勒普克这位市场经济举足轻重的理论家在其《走出供给与需求》一书中所指出的。我们不应将全部的生活领域通通按照市场与竞争的原则组织起来。在这一点上，有时还要同欧盟机构展开争论。体育就不仅仅是一个完全商业化的领域。艺术与文化对人类的影响同样重大。人类不能仅仅依靠面包生存。当然经济成就依然重要。而在投入创造力与效率、想象力与激情之时，产生的经济成就就会更高。这足以解释市场经济制度的优越性。对此，即使在危机情况下也绝不能通过调控手段加以扼杀。相反，我们需要采取措施来防止过度，因为贪欲总是导致人们变得盲目。这是社会市场经济的准则。

所有这些都是产生信心的理由，因为在不同意见争论的过程中我们可以从中找到解决方案。自由总是如此行事，相比其他所有方案，自主决定的解决方案总是格外高明。就其本性而言,在一个漫长的历史阶段,人类在追求与迷失中始终不断地保持着创新能力、适应能力以及特别是生存能力。这也是产生信心的理由。

如前所述，无论方案如何具体，我们可以而且必须展开讨论。很多卓有成效的机制化经验通过政治上的比较原则上已经得到公认。诸如，必须制定一项针对家庭的政策，家庭与职业之间更好的协调一致，在所有层面上为提高教育与技能水平做出更大的努力，促进义务服务机构的发展，以及实现经济实体的多样化，从自由职业、个体创业到范围广泛的中小企业乃至大型企业。所有这些多样化都经受了危机的考验。在自己承担责任与政府监管之间如何维持平衡，对此必定始终存在着争论，但是，由于过度必定导致自我破坏，最终必然也会实现自我纠正。这样一个过程会在政治角逐中得以实现。至于人的责任无可替代，信任的主要功能最终会清楚地证明这一点。即使是在出现高度复合型金融产品的时代里，没有信任，市场与银行最终将无法运行，而且，货币或金融最终也无非是某种方式的流动信用。

我们面临着众多问题。然而，我们也拥有大量的经验，它们能让我们变得强大。因此，我们有理由充满信心。

什么是维系社会的力量?

我们的民间社会能做什么，以及国家如何支持民间社会

现代化与个性化改变了我们的生活。然而，并非所有人都能够利用新的机会。强调互相帮助尤为必要，如此才会产生休戚相关的情感。国家虽然不能对自愿参与和公民意识做出规定，但出于共同体的利益可以采取更为积极的促进措施。

民主——独立自主的民众通过自由、平等以及无记名投票的方式选择代议制的自治行为——今天在我们德国人眼里似乎天经地义。随着联邦共和国的成立，我们有了一个崭新的开端，60年以来我们可以为自己的民主政治文化感激与自豪，这种文化深刻地影响着我们的国家与社会。德国已经成为一个具有自我意识的共同体，一个自由的民间社会。正是因为我们的自由制度——通过巨大的努力——才有可能实现我国的政治与经济重建，才有可能在和平、自由与民主的条件下实现国家的重新统一。

恰恰是在这样的成就的背景下，对以往经验的理解面临着消失的危险，一种自由民主制度的持续存在并非是不言而喻的。恩斯特·沃尔夫冈·伯肯弗尔德准确地指出："自由国家是依赖于它本身并不能确保的前提而生存。"国家的生存所依赖的前提是：价值、规则与道德约束将社会凝聚在一起——无论是在日常生活中还是在政治领域里都是如此。国家的生存所依赖的前提是：男女公民们正确与负责任地运用自由，并且为民主、公共福祉以及他人而付出努力。民主国家的生存依赖于社会的凝聚力和公民的努力投入。

德国 60 年的民主显示，我们的制度有能力进行改变与革新。然而，我们也经历过一些将矛头针对民主共识的事件与行动。大量的暴力威胁，尤其是青少年的暴力犯罪、日益增长的极端立场和刑事犯罪行为，连同不断上升的对政治的灰心丧气以及不断减弱的对民主进程的参与热情，件件都令人担忧。令人震惊的（个别）孩童无人照管与遭致虐待的案例，向我们提出了这样的问题，即家庭是否还能胜任其教育使命？

关注变化的发生

除了这些明显的畸形现象之外,我们也在经历着另一些完全不同的变化,这些变化更多地在激起对立而不是促进协同相处:日益尖锐的利益冲突;"原有的本地人"与移民之间的紧张关系;公共场合中的肆无忌惮与财产损害行为。这些往往是个别情况和个人的经历;但反面的事例往往难以忘怀。一旦如此这般的经历汇合成一种情绪的话,结果就是:安全与团结遭致削弱,利己主义与反复无常甚嚣尘上,每个人只有自己才是自身的亲人,人既不能信任他人也不能信任国家,凡此种种就会对我们的民主制度形成必须认真对待的危险。

人口的变动对这样的发展态势造成了一种叠加效应。未来我国的人口将会减少,而且平均年龄将比今天更老。此外,再加上大量的向外及向内的移民现象,这将对不同的地区以及人口的年龄与社会结构造成变动。即使代际之间仍然一如既往地在相互支持——诸如金钱还有护理或照顾儿童——"老年人在啃年轻人"(抑或相反的说法)之类的声音还是不断地回荡在我们的耳边。这就提醒我们,老年人与年轻人之间的凝聚也并非天经地义。

在这些变化中间,许多现象都是社会变动的后果。现代化与个性化动摇了以往那种稳定的生活状况,这使我们想起 20 世纪 50 年代的情景——虽然往往变成了一种模糊的印象而已。现代化与个性化一点也不是负面的:个性化产生了一种以往并不为人所知的、对于人生规划的自主决定意识——是否更适合于自由的社会?我们的生活与经济的现代化造就了一个知识社会,充满着创造力和自我创新——从而滋生出个人的自由、机遇与富裕。

自由的罪过?

然而,并非所有人都能够利用新的机会。更多的自由、更多的选择也会造成一种负担。自由所形成的责任对个人造成压力，这样的压力绝对会被视为过分的要求。在经济活动与工作岗位上日益激烈的全球竞争导致越来越高的灵活性——无论是对雇主还是雇员都是如此。即使是在好的年景也会不断地对教育、职业技能和工作效率提出更高的要求。在经济不景气的时代，正如我们当下的情景，还会增添出对就业岗位与未来的恐惧。尤其是在受教育程度不高的人群中，许多人觉得压力过大、遭到忽视抑或全无上升的机会。

经济上的灵活性、流动性同普适价值之间正在形成某种程度上的对立。在确立家庭与孩子稳定的生活支柱时，这必然会造成一些麻烦。人们需要安宁与平衡的空间，以便能够承受现代社会日益上升的成功压力。灵活性与流动性并没有改变人类的基本需求；它们只是要求我们换一种活法。其后果是，人与人之间的相互关系以及社会共同生活的传统方式发生了变化。谁若是每两年迁居一次，就难以在一个地方扎下根来。

现代社会令人难以固定下来。1958年在《走出供给与需求》一书中，威廉·勒普克即已指出了对个人的过度要求所产生的社会后果。正因为如此,社会市场经济理论的先驱们要求建立均衡机制并防止滥用自由。人并不能长久地忍受"生活状况的不安定与不稳定"(勒普克语)。谁若是没有故乡与认同,谁若是将生命理解为一连串瞬息即逝的生活状态的组合(因为他迫不得已),即如社会学家哈特穆特·罗萨(Hartmut Rosa)所描述的那样,他就"不是Y女士的丈夫,而只是同Y女士生活在一起"而已。这样下去并非没有后果——对X先生与Y女士共同生活的稳定性如此,就社会凝聚力而言同样如此。

灵活性与流动性对代际关系也会产生影响。找一个同乡的人结为夫妇的现象日渐稀少:新婚家庭往往会在另外一个地方成家,而不是在自己出生的地方。同乡的观念在消失,而原本这是代际之间聚会与交流的缘由。我们感受到这样的失落:年轻人对自己家庭过去的一些事迹难有清晰的记忆——经验、教育知识、日常的帮助如此之类的传承不见踪影。同样,老年人也缺乏同年轻一代的交往,尤其是那些独自生活且无孩子的老年人更加如此。

　　社会的变化进程最终也改变了人们的相互关系。那些本来就依靠长期可靠的义务投入来开展活动的协会与自发组织有着明显的感受。但无论如何始终并不缺乏愿意投入的人。在德国有2300万志愿者（自愿服务者），每年成立的基金会超过1000家。增长得特别快的是那些公民基金会，他们尤其强调共同行动和共同决定。在其他一些领域里，社会的变动对市民的共同行动产生着正面的影响：老年参与者的数量在增加，同时互联网作为交流、学习和活动的媒介功能远远没有耗尽。但是，多年来协会与自发组织成员的人数在下降，尤其是后继者日渐短缺。60岁以下的公民组织成员不到五分之一。公益组织与协会在抱怨，愿意比较长期投入的成员在日益减少。

发现机会

　　总体看来，社会的变化并没有呈现出一幅一致的图像。我们可以看到那些在威胁着社会凝聚的进程，但我们也看到强化社会凝聚力的因素。有鉴于此，关键在于我们要找到机会并善加利用。我们必须接受挑战——摆脱政界与媒体那些短期的日常操作——但是这并不等于一再大声地吁求国家出手。要是越来越多地干预与监管的话，国家就会难以承受其重——而社会及公民则会负担过轻。

公民们以及协会与联合会能够依靠其想法与活动提供适合、有效及有创意的解决办法，而这样的方案仅仅依靠政界与行政管理机构，无法抑或难以如此完善地制订出来。即使是执行与遵守共同的规则，如果没有公民对这些规则的认同，也是无法想象的。其前提是要有一种整体的归属感。而正是这一点不能由国家发布规定或发出倡议来实现。即便是宪政爱国主义也不足以成为社会凝聚力的基石。一个自由的社会要求社会力量穷尽其生命与正面的情感，亦即对一种自由的共同生活的内在归属感来充实我们的制度。公民有权利为他人献出时间与金钱，对此国家不能剥夺，国家必须为此留出空间。

国家携手相助

对公民自发组织与公益活动的信任和要求国家从社会共同生活的具体事务中退出，二者不能混为一谈。国家现在以及今后依然负有自身的责任。国家可以做这样一些事情：更为努力地提高法令与规章的接受度，以此来增进对国家强制权力以及法治国家的信任。我们可以让民主程序更加透明，以便激发更多的人参与民主进程、选举、表决抑或其他自发组织，我们可以创造空间，让人们投入并实现价值判断；这样的空间如同500家几代同居的家庭，老年人与年轻人相互聚会、相互帮助，一定程度上可以成为大家庭的现代版。我们亦可以向众多有能力、乐于助人的老年人发出信号：你们有用处，我们需要借重你们，借重你们的时间、你们的经验、你们的思想。

国家在跨文化的冲突中也负有责任。我们必须传授展开对话和非暴力地解决冲突的能力，沉着应对社会的多元文化。与其祖籍相比，隔壁的土耳其裔邻居可以向我们展示出更多的本领。倘若我们能够看到并强化移民的潜在能力，倘若我们打造出空间让人们打破移民与非移民的界限相互聚会，并且为了一个共同的事业相互鼓励，就会有助于越来越多的移民经过或短或长的时间将德国视为其家园。在全球化以及日益增强的流动性时代，对家园的渴求不会变弱，而是更为强烈。我们正面临着这样的机遇，将德国变成这些人的家园：包括我们的社会、我们的制度、语言与文化。在这样一条道路上取得的成就越大，我们的社会凝聚力就越强，在面对暴力与激进分子时我们就能更加有效地保护自己。

首先要着眼于家庭

对一个共同体的信任，并让自身具备有益于共同体的能力与决心，最为优先的是在家庭中传授。要学习并掌握共同生活与相互联系的基本规则，没有一个地方可以比家庭以及在青少年时代做得更好。在儿童的成长过程中，家庭的氛围是一个人的人生道路最为重要的决定因素，而预防犯罪的早期意识大多基于这一时期的经历。青少年暴力行为或其他刑事犯罪往往同童年时经受过暴力有关。至少，在其童年时期就没有打下预防暴力的情感与道德基础。

因此，一项旨在增强青少年能力的家庭与青年政策，对于一项完整的安全政策来说具有异常重要的作用，其完整性不仅包含事后处理而且还有预防措施。在父母对孩子的教育力不足时，我们必须及时探望，走进家庭并施以援手。我们应该将此视为正面的提示。防止暴力是为了避免负面行为，从这样的角度来看，教育与增强所有儿童的成长亦会有助于他们学会互相帮助与团结一致，乐于在社会上从事有益的事情并且承担自身的责任。基石要在家庭里奠定：通过父母的悉心关照与榜样示范。教育可在此基础上建立与实施；教育体系应该面向所有的儿童，如此才能有助于实现社会的融合，而且这样的融合必须考虑到职业与社会的分享及晋升机会。

防止暴力、重点帮助、全体儿童的受教机会与强化家庭的教育职能相互之间的联系是众多交点中的一个环节，从中可以发现交叉行动的必要性，这正是联邦一级试图进一步增强社会凝聚力的原因所在。为此，联邦内政部与"联邦家庭、老人、妇女与青年部"共同携手应对这一挑战。我们的两个部门将在各自的行动领域内以共同的理念相互补充，持续推进这些事务。

"社会凝聚与预防"是联邦内政部一个新的工作重点。在这个领域里我们有着多种设想，其目的是增强个人与他人和睦相处的能力。与此同时，需要传授在冲突或危机形势下非暴力的应对方式，以及进一步完善处理极端意识形态的职能与权限。在这一方面，政治教育要发挥一个特殊的作用。我们将致力于提高特别是年轻人应对冲突的能力，增进社会责任感，增强信任感以及面对极端意识形态的抵抗能力，我们将会比以往付出更多的努力，但并非大张旗鼓，也不受（媒体）事件的影响。这样，我们必将能够更好地同那些所谓的疏离教育及政治的群体展开对话，进而和睦相处。只有这样，才能将我们的政策措施从原来的事后干预转变成普适促进，即着眼于增强个体的能力。

联邦家庭、老人、妇女与青年部，发起了"公民义务投入：互相帮助——着眼他人"的行动。这一倡议的主题包括：尊重义务投入的新文化，扩展志愿服务行动，推动企业投入，促进移民融合以及增强民主。

一项共同任务

对我们重要的是合作——不仅仅是在联邦层面。互相帮助和公民投入行动中的变化，首先对组织者提出了挑战，他们必须引导出方向与归属感：从志愿消防人员与其他类型的救助组织到教会与青年协会，直至体育组织、环保组织抑或邻里互助组织。如果其中无法产生乐趣，便会无人参加。如果这样的投入无法获得承认抑或并不适于自己生活，也就无人长期坚持下去。

民间社会里期望与现实有时并不合拍,原因在于并非所有愿意义务投入的人都能够找到一条合适的路径与一个适宜的项目。提出的项目要更加清晰并且要有明显可辨的框架结构,这就要求共同的协调行动;新型的倡议活动往往是在有责任心的企业与民间社会组织的对话中发展起来的。政界可以——同时必须——更为关注诸如此类的成效与潜能。

我们的倡议是一个共同的步骤,目的是令人们关注社会凝聚力的基础并调动各种社会力量,这是一个良好的共同行动的决定性因素。我们将在自身的职能范围内由此发端——并借以激起其他方面的热情。我们希望燃起人们的责任感与公民意识,并吸引他们共同参与。同时,我们试图寻找路径,推动并要求那些对我们的开放的民主社会持有怀疑态度的人能够重新和我们站在一起。要做到这一点,我们只有共同努力——国家、社会、媒体以及全体公民。

巩固民间社会的基础

责任感何以重要，以及我们需要推动哪些职能部门

独裁专制通常试图将他们所不喜欢的社会力量排挤到边缘角落——从长期来看，这样的做法大多是徒劳的，德意志民主共和国以及其他独裁专制的下场即为充分的证明。自由的制度追求的是相反的目标：将社会力量的行动放在中心位置。自由的制度试图通过各个群体的行为尽可能地让社会自己组织起来。只有在民间社会的行动者仅靠自身无法解决问题之时，国家机构才会采取行动。

自由制度与独裁专制的根本区别还在于：自由制度的国家操心的是法治，而并非道德。与此相反，专制独裁企图用新的道德观念创造出一种新人，如有必要则不惜动用强制手段并通过法令。法制与道德混为一体必将导致不自由的社会形态。价值观必须在社会中间产生，在家庭、宗教抑或世界观的共同体内产生。在这一方面，国家应采取克制态度。自由制度有赖于此，

但正是出于自由的考虑,自由制度并不充当一种中间角色。

民间社会的现状如何?近些年来人们为此欢呼雀跃,并且渴望进一步加强民间社会的建设,以便解决德国存在的问题。与此同时,人们并不清楚如何理解民间社会的内涵。也许人们可做如下解释:民间社会是按照自由、自己承担责任与多样性原则,自己组织起来的一种社会。

将德文的民间社会"Bürgergesellschaft"这个词翻译成英文的话,既可以译作"civil society",也可以译作"bourgeois society"。英文的这一区别,有助于我们来强调民间社会这一设想的两个基本思路。Bourgeois society 首先关系到共同行动的经济条件——以下我会回到这一点。相反,Civil society 则与行动本身相关,意味着:个人自愿投入到非国家的群体与机构中去实现共同关切的诉求。

对共同体的责任感

这样的责任感涉及社会的基础，并且会让集体（国家、团体等）受益。在德国，投入其中的达数百万人，他们活跃在体育协会、慈善领域、人口保护组织、非政府组织、公民倡议活动以及其他组织中间。我们的自由制度需要这样的投入。国家不可能承担起所有任务——即便它再怎么做，也有违自由的原则。民间社会的责任感不仅仅意味着面对他人承担责任，还意味着积极参与政治进程并强化自由—民主的原则。

这种责任感的动机各不相同。许多老年人的投入是出于社会抑或宗教的基本需求，同时还因为他们希望献出他们宝贵的人生阅历与知识。老年人的这种投入日益增加，其他人群却在减少。

只有当人们对一个共同体具有归属感之时，责任感才能油然而生。在协会、城镇、家长委员会里，人们就会准备承担责任。因此，我们的自由社会正是依靠非国家的机制，它们可以激发出内在的赞许、认同、正面的情感、共同的价值观以及共同的记忆。

在持续不断的社会变动、个性化与虚拟化的进程中,这样的机制在衰退。归属感在变弱,责任感在下降。实际情况是许多公益性协会与组织已经难以寻觅足够的志愿者。但是,我并不相信这是一个不可逆转的进程。即使在年轻人中间,这样的责任感仍然一如既往的十分强烈。社会的老龄化也有可能演化出更多的集体导向,正是因为老年人日益踊跃地投入到这样的志愿活动。近些年来,基金会的数量与投入公益用途的钱款在明显增加。

今后,至关重要的是唤起那些眼下似乎不太积极的人群的参与热情,其中包括移民。发现那些能够适应持续的个性化与虚拟化进程的义务投入和政治参与新形式,这也十分重要。例如,借助互联网可以针对新的任务形成新的组织,而在模拟时代要想做到这样的话,组织协调的成本就会太高。在这一方面,维基百科就是一个佐证。

在这一过程中,我们不应忘记民间社会活动的物质基础。当一个人自身的经营所得已经超出其生活之必需的时候，就比较容易去支援那些生活陷入困境的人。我们需要一个强大的民间社会，而这样一个民间社会应该包括前已提及的市民社会的内涵。我们需要市场经济、竞争与产权、有勇气的企业家、效率与公平、雇工权利以及职业上升机会。内含社会责任感的文化能够促进这些目标的实现，因为物质上的安全感能够向众多的人们提供更多的自由与更多的机会去帮助弱势群体。

利己主义者或利他主义者

作家尤丽·策[1]（Juli Zeh）曾经提出过这样一个问题："我们究竟希望成为什么样的人——强壮、漂亮和成功？抑或高贵、乐于助人和友善？"背后的问题其实是：我们究竟要做一个利己主义者还是利他主义者？

---

[1] 尤丽·策，也译作朱丽·泽，于1974年出生在德国波恩，为德国引人瞩目的新生代作家，摆脱上一辈作家以大战为主的沉重基调，关注生活与周边题材，著作有《老鹰与天使》《赌博的兴致》等。

我并不认为二者是一种非此即彼的关系。一个强大的社会更能够帮助弱者。即使是出于利己的动机以及市场的行为，也可以对此做出贡献。谁若是能够承担责任，就不是一个纯粹的利己主义者。同时也不存在纯粹的利他主义者，因为谁若是自身难保，也就难以履行自己的责任。哲学家与神学家理查德·施罗德（Richard Schröder）此言一语中的。

当前我们所面临的这场严峻的金融与经济危机，让很多以往的成就面临考验。在这样紧急的形势下，需要国家行动起来。我们需要国家更好地监管金融市场，这是金融市场失灵提供的教训。我们还学到一条教训：无视规则的自由最终会葬送自身。危机的肇事者必须以自身的行动告诉大家，他们也在从其失误中吸取教训。部分精英人士将自由这一概念变成了仅供自身获利的手段，却将社会责任抛之一旁。对此，亦可以称为无度与贪婪。我们必须再度重申，体现出社会责任的成就更为可贵。

开放的社会适用尝试与谬误这一原则。我们可以犯错，但我们有能力改正错误。这对人类发展与人类的学习至关重要。无论是我们的政治体制还是经济体制，都在为这样的过程提供机会。这也应该让我们即使在危机之时依然抱有信心。

共同参与或相互猜疑

市民社会中间存在着各种不同的力量，他们可以共同强化内在的凝聚力。就民间社会而言，他们通过对政治秩序的共同投入和参与来促进团结互助。就基于市场的社会角度而言，他们通过参与社会调节的市场经济来推动团结互助，这样的市场经济在造就繁荣并提供上升机遇，同时在成功时向那些处于弱势的人群提供帮助。

从另外一个角度看，我们面临着高度的流动性、个性化以及虚拟化，这样的趋势在减弱人们的志愿投入，从而对社会的团结互助造成威胁。与此同时，对我们制度的政治与经济基础及其执行者丧失信任也在威胁着社会的团结互助。一旦人们对关系到自身生存的经济制度框架不再信任,退缩到私人空间的危险就会增大。

许多诸如此类的危险众所周知。与此相反,在我看来,市民社会的另外一个角度较少受到关注。此处涉及的是,市民社会的成员如何处理彼此之间的冲突。市民社会的功效首先在于其将权力的控制让渡给国家,同时社会全体成员有义务以和平的方式,并按照法规来解决冲突。多数情况下根本不需要通过法院来解决这样的冲突。市民社会本身就蕴含着适度与节制这样的理性,与此对应的是对极端与无度的质疑。此外还有诺贝特·埃利亚斯[1](Norbert Elias)所描述的文明的进程:经历一个长期的发展进程,现代社会中人的控制力日益增强,对他人的同理心愈加增强,并对其行为所产生的长期后果具有日益增强的意识。

所有这些都加大了和平与非暴力解决冲突的可能

---

[1] 诺贝特·埃利亚斯(1897—1990),德国社会学家,《文明的进程》系其多年呕心沥血之作。

性。另一方面，伴随着日益上升的文化与宗教多样性，冲突的可能性也在上升。凡是将内在蕴含着多样性的现代社会凝聚在一起的力量，都包含着这些因素：经得起冲突的考验，并且为此做好准备；具有诸如宽容、尊重、信任与移情这样的亲和力。首当其冲的是，消除疏离与陌生并将多样性视为充实而并非威胁。

形势在要求国家与社会克服两极分化，增强融合，并共同为此持续不断地强化社会的凝聚力，这是摆在我们面前的重大任务。

以暴力来解决冲突？

当前，我们的社会出现的一些事态与前述解决冲突的市民文化格格不入，这样的情景让我们充满忧虑。此处所指的事态诸如诉诸暴力和暴力犯罪，尤其是青年与成长中的一代的犯罪现象居高不下，以及激进主义思潮与刑事犯罪的增多。在激进主义势力的暴力行动中，我们发现肇事者绝大多数是年轻人，其行为在极端化，原因在于他们觉得在这个社会里生活无着,无用武之地,同时也不能获得认可。"这些年轻人在寻求依靠。问题只是在于,谁能首先争取到他们——邪教、新纳粹。"——一位调查人员这样告诉我。就伊斯兰教背景的暴力犯罪而言,此类极端化事态在德国也已露头。

在此期间,我们业已发现大量滋生暴力的因素。而且这样的事态一片混沌,失去控制——例如阿布格莱布监狱事件[1]。在其他形势下也会产生滋生暴力的因素,例如在强大的团伙压力下通过暴力手段来扩充其组织。暴力具有多种成因,也有其自身的动力。青少年犯罪往往没有明确的目标,同时会对身边的人造成伤害,他们明显希望造成这样的感觉,即"弄出点事来",可以影响学校的日常秩序,产生一种耸人听闻的效果。滋生暴力的因素也孕育在人生的重要经历中,往往早

---

[1] 阿布格莱布监狱始建于 20 世纪 70 年代,在萨达姆时期是关押伊拉克平民的监狱。从 2004 年起,此处关押了约 5000 名前伊拉克军人。2004 年 4 月底,部分被驻伊美军虐待并折磨的伊拉克军人的照片公开后,阿布格莱布监狱内的丑闻被曝光。

在幼童时代就已出现，例如自身的受暴经历、遭到排挤与歧视、强奸、冷漠以及缺乏关爱。

诚然，我们并不能完全防止暴力与激进主义的出现，但我们可以通过教育、尊重与认可，通过政治教育，通过包容性的榜样示范，以及通过努力创造良好的生活基础，激发出一种有责任感的行为方式。言论与认识的多元化不应被视为危险，而应该看作寻求共同性的出发点。

我们需要进一步思考如何能够远离暴力的旋涡。关键在于要有归属感——对于年轻人来说尤为重要。许多人觉得自己身处社会的边缘，他们想"进入到社会中"。他们有一种比较明显的不公正感，并常常要求其他的人或机构对此负责。但归根结底他们还是希望成为社会的一分子。与那种要求社会反向重组的思潮相比，这样的人远为普遍。他们需要榜样与认同的示范。

从儿童开始

良好的社会行为是与人共同相处不可或缺的。我们必须进一步向幼儿园与学校传授这样的认识。如有必要,我们必须对家长们提供支持,因为社会生活起始于家庭。对此,奥地利作家弗朗茨·韦费尔[1](Franz Werfel)有一句精彩的名言:"我的父母主要的抱负与人生乐趣寄托在他们的孩子,也就是我的两个姐妹和我的身上。我的成长伴随着这样一种温暖的情感,即人们珍视我并在为我操心。我从中体会到幸福,因为这样的情感令人安心与沉静,免受某些肮脏的贪欲的威胁。"

在儿童成人与定型之前,家庭、协会组织、宗教团体、幼儿园与学校,应该致力于早期的全面传授、增强相互支撑的可持续的预防能力,从而减少暴力行为。

---

[1] 弗朗茨·韦费尔(1890—1945),奥地利作家、诗人,法西斯占领奥地利时期先后流亡法国、西班牙,后逃亡美国,主要作品有《贝纳德特之歌》《未出世者的星座》等。

只要公民们一起为社会的凝聚共同努力的话，一个富有生命力的民主体总是会不断地更新。联邦家庭与青年部长冯·德尔·莱恩夫人以及作为联邦内政部长的我，将会共同推进此项工作。为此，我们发起了一项共同倡议，列举了现存的各种问题，唤起了公众的意识并推荐了可资借鉴的方案。我们在不断地思考：什么是我们市民社会的基础？我们如何增强这样的基础，并使之保持持续稳定，从而促进我们的共同生活？对一项促进社会凝聚力的国家战略来说，这将是核心问题。

市民社会的基础是在家庭里奠定的。我们必须手把手地向儿童传授共同生活的规矩与习惯、信任感与价值观。及早地对儿童进行这样的传授是对付疏离、暴力与激进主义的最佳手段。

此外，通过促进儿童的早期开发以及持续的正面效应，可以便于找到进入社会实践的路径。我们需要转变我们的预防政策范式：抛弃那种短期的、局限于个别单项行动的反暴力政策，转向着眼于整体的预防性促进政策。国际上的研究表明,为了让儿童做好进入一个复杂与开放社会的准备,必须尽早地开始这样的教育。

新的预防路径

过去几个月里,我走访了一些不同的倡议活动与项目,这些项目在以传统的方式开展预防工作,与此同时也开辟了新的路径。他们以其范式证明,我们应该如何提升应对冲突的能力,并进而增强社会的凝聚力。最终,我们必须从整体上来强化社会的功能。

例如,我曾参观过一家关押青年激进暴力罪犯的监狱。该处监狱系由"防止暴力网络"管理,此外还获得联邦政治教育中心的支持。这样一个项目表明,即使是激进刑事罪犯也具有学习能力,他们能够对其暴力行为以及政治与意识形态的根源进行剖析,他们也能够对他人产生同情之心。倘若我们能够广泛地展开对这些人的早期教育行动的话,也许部分这样的暴力行径就会产生变化。

还有一个倡议行动，原本是属于传统的第三级预防，该项目由波克斯坎普·坎嫩贝格论坛经办，罪犯是些年轻人。这个项目从事移情教育，即从受害人角度去思考，教育罪犯宽容、关注与尊重他人。他们帮助罪犯学会信任、关系意识和承担责任，并且开发他们的认错意识。

另外一个是奥格斯堡的帕皮利奥项目，其行动的最终效果与前面一样，但其初衷则并非如此。这一项目从事幼儿园里幼童的早期全面发展，对象是全体幼童，无论是行动古怪还是具有明显的刑事犯罪和暴力倾向的，皆无例外。项目的宗旨是传授生活能力与开发社会情感能力，有助于培养具有社会生存能力的人。这一项目所强化的能力与意识，恰恰正是第三级预防耗费巨大的努力所要弥补的。我深信，对奥格斯堡项目的评估可以证明，更多这样的倡议行动必将会有力地支持一个有效应对冲突、充满社会责任感与参与感的市民社会。

通过走访上述这类倡议行动，以及同专家学者们展开的定期对话，我在进一步思考这样一些问题。我本人很希望就这些议题进行探讨。

培育社会交往能力

培育儿童的社会交往能力与生活能力必定是我们社会深切关注的一件大事。需要制定一项适宜的总体战略，其宗旨是消除两极分化与疏离现象，传导与整合归属意识。学术研究告诉我们，凡是接受过早期培育的儿童，都非常善于处理自己的生活，刑事犯罪与暴力行为也更加少见。问题在于：家长、社会倡议与国家机构在这一领域应该和能够具体做些什么？

我们如何能够将我们的诉求——移情、宽容、敬畏、尊重与责任——深入持久地向青少年传授？在示范与政治教育中，如何寻找到有效的起点？通过何种机制、信息载体、同龄人组织来增加接触的机会？何种经历与情景容易产生暴力与极端行为，以及如何避免产生这样的行为？我们究竟应当怎么做，才能激起青年人对民主决策进程的兴趣？

与此相关，还必须弄清楚宗教对社会的凝聚有何作用。理查德·施罗德在其《废除宗教？》(*Abschaffung der Religion?*) 一书中的论述对我们极有启发。为了让不同文化背景、不同信仰以及不同社会与伦理背景的人相互联系，我们应该如何利用宗教的力量？

接下来还要思索媒体与经济界的作用。媒体与经济界如何能够更加有效地为形成一个有利于社会团结协助的公共氛围，以及增强社会的凝聚做出贡献？

对于上述种种问题，我们必须共同思考与相互切磋，我们的市民社会值得大家为此努力投入。

全球化世界中的宗教与伦理责任

宗教为什么有理由在我们的社会里占有一席之地,以及我们对此寄托哪些希望

"橄榄树是重要的。它在这个世界上是所有东西的化身,在我们心里扎根,在我们心里抛锚,将我们连接在一起,将我们安顿在一处——而不管是不是同一家族、同一团体、同一部落、同一民族、同一宗教,或我们多数人所说的同一家庭。"[1]这句话源于托马斯·弗里德曼在1999年出版的《雷克萨斯车与橄榄树》。这位美国的专栏作家通过这样的描述告诉我们,全球化在如何冲击着我们以及我们的橄榄树,并且在创造出崭新的经济、政治与社会规律。

三年前,弗里德曼出版了《世界是平的》(*The World Is Flat*)一书。他在书中阐述了这样一个观点:在此期间,全球化已经达到这样一个深度,以至于橄榄树几乎难以继续发挥什么作用。我们的世界,今天

---

[1] 此处引文摘自《世界是平的:"凌志汽车"和"橄榄树"的视角》第21页(赵绍棣、黄其祥译,东方出版社2006年版)。

已经处于"全球化3.0"阶段。

这是否意味着,全球化在将宗教与其他传统的认同源泉一风吹走?其实,早在20世纪60年代,人类学家安东尼·华莱士(Anthony F. C. Wallace)即已表示,随着全球文明的进步宗教将会消亡。事实上,经济与文化的自由化进程业已改变了我们同宗教的关系。信仰日益成为一种私人事务。在公共场合表明自己的宗教信仰在我们德国——与美国有点相反——已经不合时宜。

然而,近些年来我们又在经历着某种"重返宗教"的现象。在很多情况下,这种现象是对全球化的一种反应。伴随着社会的现代化与个性化,全球化进程接踵而来,创造出前所未有的自由、机遇与富裕。与此同时,也使得现代工业社会变得更加异质化、更为混沌、更富于冲突。正因为如此,越来越多的人试图通过宗教来探求出路。

2001年9月11日,宗教再度成为人类文明的核心冲突因素之后,也理所当然地重新作为一个话题回到人们的视野。对许多人来说，宗教话题如此的回归十分突然。然而，宗教在人类历史上始终具有两面性。宗教为人们提供慰藉，并赋予极其神奇的灵感。但是，宗教的现实诉求总是不断地导致宗教狂们产生不容异说与暴力的行为。

经历过长期血腥的争斗之后，欧洲因此在很大程度上将宗教与国家之间的关系世俗化。今天，多数欧洲社会都将宗教局限在政治领域里一个颇为狭小的范围以内。在德国，宗教与国家原则上是相互分离的。国家与宗教的权威二者之间是一种相互制约的关系，而宗教与国家的分离是基于这一理解的机制化处理。国家尊重宗教在心灵上的权威性，与此同时，也维护其本身在处理社会共同生活上的权威性。这就保证了国家机制在宗教与世界观上的中立。过去和现在国家的中立地位，都是宗教多元化社会的和平与内在团结的关键之点。

但是，中立并不意味着漠不关心，抑或是敌对仇视。与法国不同，德国的宗教与国家之间并非截然分离。

例如在国立学校组织宗教教义课程时,国家与宗教团体便共同合作。宗教法学家们因此称德国的国家与宗教之间是一种"跛行分离"。

一种合乎时代的关系

这种既分离又合作的关系在德国经历了历史演变的过程。全球化从根本上改变了德国人的生活环境:伊斯兰教及其教徒在西方民主社会中日益增加。面对着这种形势,我们可以感受到,国家与宗教之间这样的关系是合乎时代精神的。我们的法律既保证了公共权力的世俗化,也确保了不同信仰的公共生活。正是因为可以从历史上找到源头,我们才能在全球化的宗教维度上找到答案。

与宗教教徒的关系十分重要。其重要性并不仅在于宗教的多样性是对社会凝聚力的一种挑战,而且是德国政治面临的一项中心任务,例如德国伊斯兰教大会。对于一个全球化的世界来说,宗教不仅仅只是一个"问题"抑或一项"挑战"。弗里德曼将宗教描绘成橄榄树的图景十分恰当,这不仅因为橄榄树古老、多节,并且经历了数百年的风吹雨打而略显弯曲,还因为橄榄树生命力比较顽强,即使在干涸的土地上也能长出果实。

我们需要宗教,如此才能用生活充实我们的制度,才能使我们的生活充满意义。自由民主国家无法创造出自身存在的前提条件。自由制度的前提是其公民负责任地塑造自由。为此需要基本的伦理价值与导向。责任感是基于这样的认识,即自身的自由存在着界限。援引上帝即是接受这种界限的重要动机。信仰某种更高层次、不可触及的事物可以遏制人类的无度倾向。即使在信仰上产生困惑,也可以从宗教伦理中找到答案,从而解决如何使生活更有意义,以及如何同他人和睦相处等问题。

因此,如果政治家们从宗教教义中汲取了伦理原则,这并不意味着对世俗化制度的颠覆。如果说宣扬"基督教""犹太教"抑或"伊斯兰教"政治十分有害的话,而宗教作为政治导向上的一种源泉则是十分宝贵的。没有伦理基础——这并不会单独从宗教源流中自然地产生——当代的艰难问题便无法解决。无论是在经济上、政治上还是其他领域里，倘若没有伦理作为基础，几乎难以想象会产生有责任感的行为。

政治上负责任的行为意味着，在所有决策中要细心权衡对相关当事人所产生的后果。为此，马克斯·韦伯（Max Weber）提出要对信念伦理与责任伦理加以区分。在弗里德曼描绘的全球化 3.0 的网络世界中，这究竟意味着什么？而且——让我们回顾一下铁幕倒塌以来的 20 年——与我们原来的期望相比，这个世界是否显得更不稳定？

在随着这场危机过去的时代里，世界经济交替经历了史无前例的增长与极其剧烈的动荡局面。亚洲金融危机、"网络泡沫"的破裂、2001 年 9 月 11 日之后的衰退、美国的房地产危机以及由此引发的银行与金融危机：所有这些并非都能事先预见抑或预防；几乎所有这些都同前所未有的规模的投机行为密切相关。

全球化，抑或简单地用大家所说的网络化使得投资越来越多，而且规模越来越大，与此同时，市场、产品与技术的风险也越来越大，越来越不透明。其后果是盈利与风险同等巨大。谁要想回答全球化中间的伦理责任这一问题的话，就必须弄清楚是什么在推动着如此深刻的网络化。

技术进步是动力

最重要的动力是技术进步。在出现机器的时候我们曾将其称为合理化，而在此期间，技术进步已经具有自身的动力，出现了全新的产品，制造产品的方式与方法也发生了深刻的变化。

首当其冲的是信息与通信产业。它们所提供的硬件、服务与应用遍及我们社会的几乎每一个角落。其结果不仅改变了经营方式，也改变了现代社会的经济、社会与政治形态。

所有这些都在迅速发生。创造性的能量得以释放，进而创造出日益错综复杂的产品,并将电子、经济与政治网络连接得更加紧密。

无疑,信息革命迫使人们处于高度紧张状态。今天,如果没有携带一台掌上电脑似乎反而成为一种特权,即可以不会随时被人呼叫。技术进步也引发了一场革命,对此我们其实不应产生抱怨。

机器的应用减少了体力上的负担,营养上的改进以及医药技术的难以想象的进步,没有这些进步就不可能产生人口革命。预期寿命的上升导致了老龄化加剧,同时护理所需要的人数也日益增加,所有这些都对社会形成新的挑战。

移民——全球化的第三大趋势——可以延缓却不能阻止社会的老龄化。此外,移民还增添了新的复杂因素并加速了网络化的发展。移民意味着,我们不仅会在异国他乡,在各处甚至包括我们的家乡都会面临着多样性。不仅是我们的城市,长远下去连我们的乡村也将因此变得多色调和多样化——从比萨饼店到清真寺。社会越是变得复杂,就越是需要严格教育并遵守社会的规章制度。人们的地理、文化、社会以及宗教背景各不相同，便更有必要强化彼此之间的相互融合。

整个地球——同时发生

作为所有这些变化的必然结果，我们与地球的每一个角落和每一个人都联系在一起，不仅通过电子化以及商品和服务的交换，而且还通过人与人之间的相互往来。这种完全不同生活背景的同时性与相互影响引发出新的潜在冲突——在不同的文化与宗教之间，在穷人与富人之间。世界的气候变化、经济与金融、暴力冲突的威胁、失败国家、不对称战争、有组织的犯罪以及国际恐怖主义，这一切都和所有人相关。

在地球上某一地方发生的事情也会对其他国家、社会和个人产生各种各样的影响。换言之，我们的个人行为，无论是职业的还是作为选民或消费者，今天可能会产生比我们自己所意识到的更为广泛的影响。

其中包括我们的生活方式中不可低估的民主化与均等化。

倘若因为我们不能认识到我们的行为所产生的后果，或者是因为虚拟空间的匿名化令我们失去自制力，抑或是因为我们本来就缺乏恪守责任的道德意识，从而不能承担由此产生的责任的话，会出现什么样的情况？在享受自由权利之时，一旦缺少承担责任的机制的话，自由最终就会面临着自我摧毁的危险。

即便是良好的外部监管也无法取代个人在享受自由权利时的守责能力。这样的能力不会自行传导。国家也不能对此做出规定。如果国家试图加以规定，自由就会被扼杀在萌芽状态。由此，我们便回到主体间伦理的起源、宗教对人产生诱惑的敏感性，以及亚里士多德所称好生活的前提条件等问题。

全球化的教益

倘若诸位问我，作为一个基督教徒和政治家，从全球化的大变革中获得哪些教益,我认为以下几点是我们迫切需要牢记的。

在我看来,最为重要的是培育防止无度的意识。我们决不允许无度,因为无度会产生严重的后果。

因此,如果说过度监管导致金融市场窒息的做法极为错误,针对风险资本制定措施来避免掩盖与扩散其风险,从而防止连锁反应就是极为正确的做法。在金融市场上,我们需要更高的透明度、前后一致的监督以及全面的意识转变——例如什么是资本的合理利用。

还有诸如全球化的未来形态、技术进步以及国际贸易等问题,这些都需要我们扩大视野。如何减少本国对世界经济的依赖,这是全球所有国家的政府面临的压力。而应对困难的局面,保护主义恰恰是错误的回答。鉴于国际分工,退出全球化并不能克服全球金融危机。但是,如何限制经济网络化的风险,对此我们必须加以深思。已经有不少人在发出警告,下一次经济危机将会由中国与印度等国的产能过剩所引发。

原则上，每一次泡沫开始形成之际都有着某种形式的操控。

同样，我们也很难抵御这样的诱惑，正如我们难以改变人的天性，例如贪婪与吝啬一样。但是，我们可以正面宣扬价值观，这种价值观让每个人都感受到负责任的行为不会让我们错过或失去什么，而只会赢得休戚相关与集体精神。

人本身就存在着一种对共同体与家园的需求。正因为如此，橄榄树才重要，尽管我们当下已经处于全球化 2.0 或 3.0 时代。谁若是没有家园与认同，谁若是将生命理解为一串由短暂的生活场景连接而成的链条（因为他必须如此），正如社会学家哈特穆特·罗萨所言，他"并非 Y 女士的丈夫，而只是同 Y 女士共同生活"而已。对于 X 先生与 Y 女士共同生活的稳定性还有整体社会而言，这并非没有后果。

责任也需要信任。生命绝不是持久的竞争。对此，威廉·勒普克于 1958 年在其《走出供给与需求》一书中已经指出。因此，我们必须动员社会的所有力量来传播对共同体的信任感，传导与共同体相处的能力。教会与宗教团体，当然还有体育社团与青年团体、消防队、援助团体以及众多新型的市民自助组织，所有这些社团都被希望有所行动。一个全球化的世界需要这样的社会力量，因为国家机构无法独自应对网络化带来的变化。即使是休戚相关与集体精神，国家也无法强制规定。

这并不意味着现代国家应该从社会中退出。国家现在与将来都承担着责任。为了增进对国家的强制性权力以及法治国家的信任，国家可以有所作为。我们也可以利用新的技术手段让民主程序更加透明化，激励更多的人参与民主进程、选举、投票抑或其他形式的自主组织。国家可以而且必须寻求与公民对话的新的形式，即如我们举办的伊斯兰教大会那样。如此一来，人们——以各种各样的身份——便会对其在共同制度中的公民身份产生认同，他们同社会共同体的内在联系就会变得更加紧密。

用活力来充实民主与自由

民主与自由的生动内容并不能由国家来提供,而是来自社会。因此,也是由社会的成员来充实,公民们出于责任感为其家园,为我们的民主、我们的自由,为我们的价值并为一个良好的共处而参与和投入。

德国人与欧洲人在20世纪的经历证明,在巨大变动的时代,公民的参与和投入是何等重要。魏玛共和国民主政体的垮台,在很大程度上是市民精英的失败。对于伴随全球化的第一个"火热的阶段"而出现的巨大社会混乱,他们没有能够成功地做出决定。与此相反,在民主的新开端60年之后的今天,对国家与社会的民主政治文化,我们必须满怀感激与骄傲之情。

恰恰是2009年,德意志民主共和国和平革命20年与德意志联邦共和国民主新开端60年之后,我们应该意识到自身所肩负的责任。金融危机在发出警示,我们所塑造的全球化绝不能造成难以控制的动荡局面。技术进步与社会变革从来都会伴随着混乱不安。然而,全球化中的伦理行为则意味着将变革纳入到有序且可以掌控的轨道上。像迄今为止的那种任其继续下去的做法，不可能收到成效。

无论未来如何艰难、困苦与难以捉摸，网络化世界的同时性与交互影响在向我们挑战，面对这一挑战我们必须找到答案。否则，世界将会失去均衡，这正是世界性宗教的原始文本通过其有力的隐喻提醒过我们的。但是我并不相信全球化会同巴别塔的结局一样。倘若我们对宗教以及与宗教色彩的伦理相一致的生活方式进行一番思考的话，我们就能学会更好地对待人性的阴暗面。这是人类在网络化世界所面临的挑战。

参考资料

参考资料[1]

《经济与社会的安全》

在大众银行与赖夫艾森合作银行经济日活动上的演说，2008年10月15日，美因河畔法兰克福。

《节制与适度》

在倍爱吉银行（BAG）的演说，2009年6月9日，柏林。

《不断地实现再平衡》

在奥芬堡市新年招待会上的演说，2009年1月11日。

《什么是维系社会的力量？》

沃尔夫冈·朔伊布勒博士与乌尔苏拉·冯·德尔·莱恩（Ursula von der Leyen）博士的署名文章，法兰克福汇报，2009年1月6日。

《巩固民间社会的基础》

在"民间社会的危机？社会凝聚的未来"研讨会

---

[1] 本书的撰写依据上述演说与文章。——原注

上的演说，2009 年 5 月 26 日，柏林。

《全球化世界中的宗教与伦理责任》

在特尼斯施泰因论坛年会上的演说，2009 年 1 月 24 日，柏林。

译后记

本书作者沃尔夫冈·朔伊布勒现任德国联邦财政部部长，1942年出生于德国巴登-符腾堡州弗莱堡，是德国基督教民主联盟的重要人物，更是德国政坛上的一棵长青树。朔伊布勒早年在弗莱堡大学与汉堡大学攻读法学和经济学，其后的职业生涯基本上不离律师与财政管理两界。1972年起，朔伊布勒当选为联邦德国（西德）联邦议院议员，之后长期活跃在西德以及统一后的德国政治舞台上。1984—1989年任联邦特别任务部部长与联邦总理府部长；1989—1991年任联邦内政部长，其间担任西德方面的代表，负责与东德协调统一事务；其后在基民盟党内屡任要职，担任过基民盟—基社盟议会党团干事长、基民盟—基社盟议会党团主席。1998年科尔辞去基民盟主席后，朔伊布勒继任该党主席。2000年，因卷入基民盟的政治献金案辞去基民盟主席，默克尔当选为主席。2005年默克尔首次担任德国联邦总理，朔伊布勒再度出任联邦内政部长。2009年默克尔连任成功，朔伊布勒转任联邦财政部部长至今。1990年10月12

日，在出席一场竞选活动时，朔伊布勒遭到刺杀，身中三枪，下颚及背脊中弹，此后下半身瘫痪。在依靠轮椅行走的情况下，朔伊布勒以顽强的毅力续写了传奇的人生篇章。

2008年金融危机爆发时，朔伊布勒在任联邦内政部长期间，曾经在不同场合发表过演说与文章，本书即在此基础上编撰而成。

金融危机爆发以来，有关论述及著作如汗牛充栋。本书则另辟蹊径，从政治、社会甚至人性的角度对这场危机的成因与后果给出了独到的解析。作者的论述基本上围绕着一个主轴，即德国的社会市场经济精神展开。在德国，社会市场经济体制不断地克服重重困难和此起彼伏的危机，在经受着形形色色的责难和质疑的过程中，仍然保持着相对的连续性。继20世纪50年代的"经济奇迹"之后，2008年金融危机以来的德国经济逆势而上，"德国制造"再度成为一个热门话题。追溯既往，德国社会市场经济的理论来源是形成于20世纪30年代的"秩序自由主义"。第一次世界大战前后，世界经济周期性波动频发，古典自由主义逐渐丧失在经济活动中的自我调节功能。一些新的经济理论开始出现，其中之一是凯恩斯主义。而在德国，随着"一战"的失败、魏玛共和国的持续动荡以及工人运动的蓬勃发展，一种新的自由主义经济理论开始酝酿，并在30年代期间形成新的学派。因其中的主要代表人物，如本书中提到的瓦尔特·欧肯等当时都在德国西南部的弗莱堡大学任教，人们习惯地称为"弗莱堡学派"。该学派的初衷是在古典自由主义与中央计划经济之间开辟第三条道路，鉴于自由放任的市场必然导致资本的无度与贪欲，希望"建立一个原则上自由的、但同时又负有社会义务的社会与经济制度"，主张"国家必须在资本家面前保护资本主义"。在纳粹统治时期，这些人遭到迫害，有的流亡国外，但他们并未中止对这一问题的探索和研究。"二战"结束以后，同该学派联系密切并深受其影响的路德维希·艾哈德成为英美双占区负责经济事务的最高决策人物。艾哈德在1948年实施的经济体制改革中基本上采纳了"秩序自由主义"的主张,并在此基础上确立了社会市场经济体制。如果说"二战"以后联邦德国的飞速发展是多种因素共同作用的结果,其中的核心因素则是社会市场经济体制的确立。正是社会市场经济体制的成功,确保了战后西德经济的发展与社会的稳定,并在柏林墙倒塌之后,在一个极短的时间里实现了两个德国的重新统一。在德国的社会市场经济体制中,市场与社会、经济政策与社会政策,亦即市场经济的运行与社会政策的制度化二者之间的互补性是其制度设计的着力点,也是德国经济成功表现的关键所在。社会市场经济的核心原则是秩序政策。社会市场经济的理论家们普遍重视伦理道德与价值导向,并将之视为经济秩序的前提条件。作者在本书中也始终强调了这一精神。译者认为,其中的重要原因是汲取了德国在 20 世纪上半期的历史教训。

与 20 世纪初期的全球化相比,此轮经济全球化大潮中,金融资本的势力凸显,跨国资本游走在世界的几乎每一个角落。尤其是昔日视资本与金钱为"万恶之源"的那些国度更是趋之若鹜，祭起百般武艺，唯恐错失良机。跨国企业所到之处固然促成了进步与繁荣，亦不可避免地带来了新的冲突与困扰。跨国资本的巨额流动和国际金融投机活动的规模，远远超过许多国家的抵御能力，经济无国界化使主权国家的经济安全受到空前的巨大压力，无论是发达国家还是发展中国家都难以幸免。上一轮全球化的戛然而止，以及其后两场世界大战与一场冷战的灾难情景，并没有从我们的视野中消失，眼下的世界重又乱象纷呈，形形色色的极端思潮纷纷登场，令人不禁生出大难临头之感，这是否在预示着此轮的经济全球化已经走到尽头？2008年的金融危机其实是一次契机，本应促使我们去思考在经济全球化的进程中如何趋利避害。一些目光敏锐之士确实早已未雨绸缪，暗中发力，近期以来不断推出相关论著，尤其是针对全球化所造成的不平等现象，出现了诸如托马斯·皮凯蒂（Thomas Piketty）的《21世纪资本论》、安东尼·阿特金森（Anthony Atkinson）的《不平等：我们能做什么》、弗朗索瓦·布吉尼翁（François Bourguignon）的《不平等的全球化》、布兰科·米拉诺维奇（Branko Milanovic）的《全球不平等：全球化时代的一种新方法》等学术性巨作。本书的作者则从挖掘人性的贪欲与无度入手，从一个政治家的角度来呼吁节制与适度，应该说确实抓住了金融危机的根本成因，一针见血。依译者之管见，书中的多处论述，诸如经济与社会安全的基石、利己与利他、民间社会与市民社会的力量、文化的多样性与经济的全球化、网络化、宗教与伦理等等，角度广博精准，分析深入浅出，时而引经据典，时而列举实例，令人启迪，发人深省。作者在书中多处强调，民主本身并不能创造其运行的前提条件，市民社会的公共教育不可缺失，责任意识、价值取向、个人信念并非来自国家的强制规定；利己本是市场经济的推动力，然而一旦过度便会变成贪欲，从而损害乃至摧毁一个合理的制度，如此等等。在西方社会，出于选票的需要，越来越多的政治人物已经甚少触及重大的政治与社会问题，而对一些可以博得眼球的日常琐事则津津乐道。本书反其道而行之，提醒我们要关注道德与精神的重建，不如此，则无法从根本上扭转贪欲与无度的颓势。市场经济若要避免无度与贪欲，无疑需要一个政治上的秩序架构和社会的价值取向，这是作者从金融危机中汲取的一条教训。固然，本书论述的主要对象是德国的民众，但作者的众多解析还是具有普遍的意义，尤其是书中关于中国的产能过剩可能会引发危机的提示，以及对所谓债转股等金融创新做法的批评，对于正在建设并试图完善市场经济体制的当下中国来说，译者以为，这样的提醒毋宁为一种警示。这也正是译者乐于向诸位读者推荐本书的一个重要缘由。

德国阿登纳基金会上海办公室主任文庭先生(Tim Wenniges)倾力推动了本书的出版，德国驻华大使馆一等参赞寇文刚先生(Wolfgang Kessler)对译文提供了不少修正意见，借此谨致由衷的谢忱！译书是一个学习的机会，在逐字逐句推敲的过程中得以加深对原著的理解，但终因译者水平有限，错谬之处在所难免，敬请读者诸君不吝赐教！

晏小宝

2016 年 6 月

图书在版编目（CIP）数据

未来必须节制：我们从金融危机中学到什么／（德）沃尔夫冈·朔伊布勒著；晏小宝译. —北京：商务印书馆，2017（2020.3重印）
ISBN 978-7-100-14666-1

Ⅰ. ①未⋯ Ⅱ. ①沃⋯ ②晏⋯ Ⅲ. ①金融危机－研究－世界 Ⅳ. ① F831.59

中国版本图书馆 CIP 数据核字（2017）第 154873 号

权利保留，侵权必究。

未来必须节制：我们从金融危机中学到什么

〔德〕沃尔夫冈·朔伊布勒　著
晏小宝　译

商 务 印 书 馆 出 版
（北京王府井大街36号 邮政编码100710）
商 务 印 书 馆 发 行
山东临沂新华印刷物流集团
有 限 责 任 公 司 印 制
ISBN 978-7-100-14666-1

2017 年 9 月第 1 版	开本 880×1240 1/32
2020 年 3 月第 2 次印刷	印张 5

定价：45.00 元